Volker Drosse

Investition

INTENSIVTRAINING

Der günstige Preis dieses Buches wurde durch großzügige Unterstützung der

MLP Finanzdienstleistungen AG Heidelberg

ermöglicht, die sich seit vielen Jahren als Partner der Studierenden der Wirtschaftswissenschaften versteht.

Als führender unabhängiger Anbieter von Finanzdienstleistungen für akademische Berufsgruppen fühlt sich MLP Studierenden besonders verbunden. Deshalb ist es MLP ein Anliegen, Studenten mit dem ● **MLP** REPETITORIUM Informationen zur Verfügung zu stellen, die ihnen für Studium und Examen großen Nutzen bieten, der sich schnell in Erfolg umsetzen läßt.

MLP REPETITORIUM

Volker Drosse

Investition

INTENSIVTRAINING

2. AUFLAGE

REPETITORIUM WIRTSCHAFTSWISSENSCHAFTEN
HERAUSGEBER: VOLKER DROSSE | ULRICH VOSSEBEIN

DR. VOLKER DROSSE ist als freier Trainer für Betriebswirtschaftslehre und Unternehmensberater mittelständischer Unternehmen tätig.

Die Deutsche Bibliothek – CIP-Einheitsaufnahme

Drosse, Volker:
Investition : Intensivtraining / Volker Drosse. – 2., aktualisierte Aufl. –
Wiesbaden : Gabler, 1999
   (MLP-Repetitorium) (Repetitorium Wirtschaftswissenschaften)
   ISBN-13: 978-3-409-22613-4   e-ISBN-13: 978-3-322-84752-2
   DOI: 10.1007/978-3-322-84752-2

Alle Rechte vorbehalten
© Betriebswirtschaftlicher Verlag Dr. Th. Gabler GmbH, Wiesbaden 1999.
Der Gabler Verlag ist ein Unternehmen der Bertelsmann Fachinformation GmbH.
http://www.gabler-online.de

Das Werk einschließlich aller seiner Teile ist urheberrechtlich geschützt. Jede Verwertung außerhalb der engen Grenzen des Urheberrechtsgesetzes ist ohne Zustimmung des Verlages unzulässig und strafbar. Das gilt insbesondere für Vervielfältigungen, Übersetzungen, Mikroverfilmungen und die Einspeicherung und Verarbeitung in elektronischen Systemen.
Höchste inhaltliche und technische Qualität unserer Produkte ist unser Ziel. Bei der Produktion und Auslieferung unserer Bücher wollen wir die Umwelt schonen: Dieses Buch ist auf säurefreiem und chlorfrei gebleichtem Papier gedruckt.
Die Wiedergabe von Gebrauchsnamen, Handelsnamen, Warenbezeichnungen usw. in diesem Werk berechtigt auch ohne besondere Kennzeichnung nicht zu der Annahme, daß solche Namen im Sinne der Warenzeichen- und Markenschutz-Gesetzgebung als frei zu betrachten wären und daher von jedermann benutzt werden dürften.

Lektorat   Jutta Hauser-Fahr
Umschlagkonzeption   independent, München

Vorwort

Während in kleineren und mittleren Betrieben Entscheidungen zur Anschaffung von Grundstücken, Gebäuden, Maschinen oder auch Fahrzeugen häufig „aus dem Bauch" heraus getroffen werden, sind die entsprechenden Entscheidungsprozesse in Großunternehmen in der Regel standardisiert. Zum Einsatz gelangen hierbei auch betriebsspezifische Rechenverfahren die der Beurteilung der geplanten Investitionsvorhaben im Vorfeld der eigentlichen Durchführung dienen. Die Grundtypen dieser Investitionskalküle sind Gegenstand des vorliegenden Bandes.

In realen Entscheidungssituationen stellen diese Rechenverfahren zumeist nur einen - wenn auch wesentlichen - Teil der Investitionsbeurteilung dar, weitere Faktoren wie beispielsweise die strategische Ausrichtung des Geschäftsbereichs oder persönliche Präferenzen können zur Ablehnung des Vorhabens trotz positiver Kalkülausprägung führen.

Schließlich sei erwähnt, daß häufig nicht die jeweilige, im vorliegenden Band darzustellende Verrechnungsform, sondern bereits das Auffinden der monetären Investitionskonsequenzen das eigentliche Problem bei der Beurteilung eines Investitionsvorhabens darstellt.

Volker Drosse

Inhaltsverzeichnis

1. **Einführung** 1
   1.1 Der Investitionsbegriff 1
   1.2 Investitionsarten und Entscheidungsfälle 2
   1.3 Ablauf des Entscheidungsprozesses 4
   1.4 Einordnung der Investitionsrechnung in das
       betriebliche Rechnungswesen 6
   1.5 Verfahren der Investitionsrechnung 7
   Übungsaufgaben zum 1. Kapitel 8

2. **Statische Investitionskalküle** 11
   2.1 Kostenvergleichsrechnung 12
   2.2 Gewinnvergleichsrechnung 16
   2.3 Rentabilitätsvergleichsrechnung 18
   2.4 Amortisationsvergleichsrechnung 20
       2.4.1 Durchschnittsmethode 21
       2.4.2 Kumulationsmethode 23
       2.4.3 Die Restwertproblematik 25
   2.5 MAPI-Verfahren 26
   2.6 Zusammenfassung der Entscheidungskriterien
       und Kritik 28
   Übungsaufgaben zum 2. Kapitel 30

3. **Dynamische Investitionskalküle** 39
   3.1 Finanzmathematische Grundlagen 40
   3.2 Dynamische Amortisationsvergleichsrechnung 45
   3.3 Kapitalwertmethode 47
       3.3.1 Grundlagen 47
       3.3.2 Methodenerweiterungen 52
   3.4 Annuitätenmethode 55
   3.5 Interne Zinsfußmethode 57
   3.6 Vergleich: Kapitalwert- und Interne Zinsfußmethode 62
   3.7 Bestimmung der optimalen Nutzungsdauer und des
       optimalen Ersatzzeitpunktes 63

	3.8	Dynamische Endwertverfahren	69
		3.8.1 Vermögensendwertmethode	69
		3.8.2 Sollzinssatzmethode	72
	3.9	Zusammenfassung der Entscheidungskriterien und Kritik	75

Übungsaufgaben zum 3. Kapitel 77

4. Investitionsprogrammentscheidungen 92
4.1 Kapitalwertratenansatz 92
4.2 Dean-Modell 94
4.3 Problemlösung mittels linearer Programmierung 99
4.4 Zusammenfassung der Entscheidungskriterien und Kritik 101

Übungsaufgaben zum 4. Kapitel 102

5. Berücksichtigung unsicherer Erwartungen 106
5.1 Korrekturverfahren 108
5.2 Sensitivitätsanalyse 109
5.3 Risikoanalyse 113
5.4 Entscheidungsbaum-Verfahren 117
5.5 Portfolio-Selection-Theorie 121
    5.5.1 Statistische Grundlagen 122
    5.5.2 Bestimmung eines optimalen Portefeuilles 125
    5.5.3 Berücksichtigung einer sicheren Anlagemöglichkeit 132

Übungsaufgaben zum 5. Kapitel 135

Tips zur Lösung der Übungsaufgaben 141

Musterlösungen 147

Literaturverzeichnis 177

Stichwortverzeichnis 178

1. Einführung

1.1 Der Investitionsbegriff

Die Begriffe der Investition und Finanzierung als „Kehrseiten der gleichen Medaille" sind in der betriebswirtschaftlichen Literatur uneinheitlich definiert. **Allgemein und kurz gefaßt, entspricht der Begriff der Investition der Geld- bzw. Mittelverwendung, während der Begriff der Finanzierung der Geld- bzw. Mittelbeschaffung gleichkommt.**

Beispiel 1.1: Investitions- und Finanzierungsbegriff

> Ein Unternehmen plant den Kauf einer neuen Lagerhalle (= Investition), die hierfür erforderlichen Mittel sollen über einen langfristigen Bankkredit aufgebracht werden (= Finanzierung).

Da die Durchführung dieses Investitionsvorhabens sowohl die Aktiv- als auch die Passivseite der Bilanz verändert, ordnet die bilanzorientierte Sicht den Investitions- und Finanzierungsbegriff den Bilanzbereichen des Vermögens und des Kapitals zu. Bezogen auf das Beispiel 1.1 zeigt sich die folgende Bilanzwirkung:

Bilanz zum ...	
Aktiva	Passiva
+ Vermögen: Lagerhalle (= Investition)	+ Kapital: Bankkredit (= Finanzierung)

Abbildung 1.1: Bilanzwirkung einer Investition bzw. einer Finanzierung

Die entscheidungsorientierte Abgrenzung der Begriffe betrachtet eine Investition (eine Finanzierung) als einen Auswahlprozeß, so z.B. Kauf der Lagerhalle oder nicht, Kauf der Lagerhalle A oder der Halle B etc. (Mittelbeschaffung über einen Bankkredit oder eine Einlagenerhöhung etc.). Schneider sieht den Unterschied zwischen Investition und Finanzierung lediglich im Vorzeichen der ersten Zahlung (positiv, da Einzahlung im Falle einer Finanzierung; negativ, da Auszahlung im Falle einer Investition).

Der interessierte Anfänger sollte sich jedoch weder von dieser Definitionenvielfalt, noch von mangelnder Kompatibilität im Einzelfalle verwirren lassen, dienen diese Differenzierungen doch lediglich dazu, einen einfacheren Einstieg in die Materie zu ermöglichen.

Die im Vordergrund des vorliegenden Beitrags stehenden Investitionskalküle als zentrale Elemente der Investitionstheorie sollen die monetäre Vorteilhaftigkeit eines Investitionsvorhabens verdeutlichen und dienen damit der Vorbereitung der eigentlichen Investitionsentscheidung. Die in der Praxis die Entscheidung häufig dominierenden qualitativen Bewertungskriterien (Image, Lieferantenbeziehungen etc.) werden hierbei vernachlässigt. Im Rahmen dieser rechnerischen Durchdringung im Vorfeld der Investitionsentscheidung wird von einem zeitlichen Zusammenfall der Geld- und Güterbewegung ausgegangen mit einer Investition ist fallweise das reale Investitionsobjekt (Produktionsanlage, Aktien) oder die damit verbundenen monetären Konsequenzen gemeint.

1.2 Investitionsarten und Entscheidungsfälle

Die Fülle unterschiedlicher Investitionsarten kann aufgrund mehrerer Kriterien differenziert werden. So beispielsweise (ohne den Anspruch auf Vollständigkeit zu erheben):

Nach Art des investierenden Wirtschaftssubjekts in öffentliche oder private Investition.
* Nach Art des Objektes in Sachanlage- Finanz- oder immaterielle Investition.
* Nach dem Zweck / Anlaß in Gründungs- Erweiterungs- oder Ersatzinvestition.
* Nach dem Funktionsbereich in Fertigungs- Absatz- oder Forschungsinvestition.
* Nach sich ergebender Interdependenzen in substitutive oder komplementäre Investitionen.

Weitere Differenzierungskriterien wären beispielsweise das der Bilanzierungsfähigkeit/-pflicht oder auch die mit der Investition einhergehende

Auswirkung auf das betriebliche Leistungspotential. Die aufgezeigten Kriterien sind in vielen Fällen nicht alternativ, sondern additiv zu verwenden.

Beispiel 1.2: Investitionsarten

> Der Kauf einer neuen EDV-Anlage durch einen privaten Dienstleistungsbetrieb stellt u.a. eine private Sachanlage- und Ersatzinvestition (oder auch Erweiterungsinvestition, sofern mit der Anschaffung eine Erhöhung der Kapazität einhergeht) dar, die dem betrieblichen Funktionsbereich Verwaltung dient.

Die prinzipiell möglichen Investitionsentscheidungsfälle lassen sich wie folgt unterteilen:

- **Einzelinvestitionsentscheidung**

Soll ein einzelnes Investitionsobjekt realisiert werden oder nicht?

Beispiel 1.3: Einzelinvestitionsentscheidung

> Soll eine neue, zusätzliche Lagerhalle angeschafft werden oder soll auf den damit einhergehenden höheren Absatz verzichtet werden?

- **Auswahlentscheidung**

Welches aus einer Menge sich gegenseitig ausschließender Objekte soll realisiert werden?

Beispiel 1.4: Auswahlentscheidung

> Soll die zusätzliche Lagerhalle in Fertigbau- oder Massivbauweise erstellt werden?

- **Nutzungsdauerentscheidung**

Über welche Dauer läßt sich ein Objekt wirtschaftlich sinnvoll nutzen?

Beispiel 1.5: Nutzungsdauerentscheidung

> Wie lange ist eine neue, zusätzliche Lagerhalle in Fertigbauweise wirtschaftlich sinnvoll nutzbar?

- **Entscheidung über den optimalen Ersatzzeitpunkt**

Zu welchem Zeitpunkt ist der Ersatz des alten durch ein neues Objekt sinnvoll?

Beispiel 1.6: Entscheidung über den optimalen Ersatzzeitpunkt

> Wann wäre der optimale Zeitpunkt für einen Abriß der alten Lagerhalle und die Errichtung einer neuen gegeben?

- **Programmentscheidung**

Welchen Umfang und welche Zusammensetzung hat ein Investitionsprogramm, bestehend aus mehreren, sich gegenseitig nicht ausschließenden Investitionsobjekten?

Beispiel 1.7: Programmentscheidung

> Wie können die im kommenden Jahr frei werdenden Mittel aus einer Beteiligung neben dem Bau einer Lagerhalle verwandt werden. Sollen zusätzlich zwei neue LKW oder Anteile an einem Zulieferer oder deutsche Aktien erworben werden?

Im Vordergrund des 2. Kapitels stehen die ersten beiden Entscheidungsfälle Im folgenden 3. Kapitel werden Methoden zur Behandlung der ersten vier Entscheidungssituationen präsentiert, wobei das Ersatzproblem (alte gegen neue Anlage) eine spezifische Auswahlentscheidung darstellt. Im daran anschließenden 4. Kapitel wird der 5. Entscheidungsfall untersucht. Schließlich werden im 5. Kapitel Entscheidungen bei unsicheren Erwartungen analysiert.

1.3 Ablauf des Entscheidungsprozesses

Zahlreiche Investitionsvorhaben bedürfen aufgrund ihrer besonderen Bedeutung für das Unternehmen (langfristige, kaum reversible Kapitalbindung) einer sorgfältigen Planung. Diese steht i.d.R. in engem Zusammenhang mit weiteren betrieblichen Teilplanungen, so u.a. der Finanz-, Beschaffungs-, Produktions- und Absatzplanung.

Ohne an dieser Stelle weiter auf die Interdependenzen der einzelnen Teilpläne einzugehen, soll der Ablauf des Entscheidungsprozesses mit seinen einzelnen Phasen zunächst allgemein und anschließend anhand eines Beispiels dargestellt werden.

> ### 1. Anregungsphase:
> Die Anregung zu einer Investition kann dem unternehmensinternen oder -externen Bereich entstammen. Zu fixieren sind u.a. die Vor- und Nachteile und eine Problem- oder Chancenbeschreibung.
>
> ### 2. Suchphase:
> Die Investitionsalternativen, die die unternehmensspezifischen Restriktionen erfüllen, sind zu ermitteln.
>
> ### 3. Optimierungsphase:
> Die aufgrund der unternehmensspezifischen Bewertungskriterien optimale(n) Alternative(n) ist (sind) zu bestimmen.
>
> ### 4. Realisierungsphase:
> Es erfolgt die Durchführung des Investitionsvorhabens (Bestellung, Lieferung, Inbetriebnahme etc.).
>
> ### 5. Kontrollphase:
> Eine Budget- und/oder Projektkontrolle sollte in Form eines Soll-Ist-Vergleichs durchgeführt werden. Gegebenenfalls sind korrigierende Eingriffe notwendig.

Abbildung 1.2: Phasen des Entscheidungsprozesses

Beispiel 1.8: Ablauf eines Entscheidungsprozesses

> Im Zusammenhang mit der Anschaffung einer neuen Schleifmaschine vollzog sich folgender Ablauf des Entscheidungsprozesses:
>
> 1. Anregungsphase:
> Der Fertigungsleiter empfahl aufgrund eines Absinkens der Bearbeitungsqualität den Austausch einer älteren Schleifmaschine.
> 2. Suchphase:
> Da Aggregate dieses Typs aus Gründen absatzseitiger Verflechtungen ausschließlich bei Großkunde X geordert werden, erbrachte eine entsprechende Anfrage zwei von diesem angebotene Alternativen. Bis zu einer Jahresproduktionsmenge von 9.000 Stück verursacht das Modell „Schleiflangsam" niedrigere Kosten als das Modell „Schleifdynamisch". Oberhalb dieser Produktionsmenge verhält es sich umgekehrt.

3. Optimierungsphase:
Aufgrund zukünftig erwarteter Jahresproduktionen und dem Entscheidungskriterium „Wahl der Alternative mit den niedrigsten Stückkosten" fiel die Entscheidung zugunsten von „Schleiflangsam" aus.
4. Realisierungsphase:
Die Maschine wurde bestellt und 3 Monate später erstmalig im Produktionsbetrieb eingesetzt.
5. Kontrollphase:
Die zugesagte Bearbeitungsqualität stellte sich erst nach Einsatz spezieller Schleifscheiben ein. Die damit einhergehenden Mehrkosten änderten jedoch nichts an der Vorteilhaftigkeit der getroffenen Entscheidung.

Als Investor oder Entscheidungsträger wird im weiteren Verlauf jeweils die Person oder Personengruppe verstanden, die die Investitionsentscheidung trifft. In der Realität der Großunternehmen orientiert sich die Zuständigkeit für die Entscheidung in Abhängigkeit des Investitionsvolumens üblicherweise an der Unternehmenshierarchie.

1.4 Einordnung der Investitionsrechnung in das betriebliche Rechnungswesen

Neben der Kosten- und Leistungsrechnung stellt die Investitionsrechnung ein weiteres Element des internen Rechnungswesens dar. Im Unterschied zum externen Rechnungswesen (Finanzbuchhaltung, Jahresabschluß), dienen die ermittelten Ergebnisse als Entscheidungsgrundlagen für jene Personen, die das Unternehmen leiten. Ein weiterer Unterschied liegt in dem großen Gestaltungsspielraum der im Unternehmen zum Einsatz kommenden Instrumente.

Die Abgrenzung der Investitionsrechnung von der Kosten- und Leistungsrechnung erfolgt in der nachstehenden Abbildung[1].

---

[1] In Anlehnung an Däumler, K.-D., Grundlagen der Investitions- und Wirtschaftlichkeitsrechnung, 8. Auflage, Herne, Berlin 1994, S. 26.

Tabelle 1.1: Investitionsrechnung und Kosten- und Leistungsrechnung

Kriterium	Kosten- und Leistungsrechnung	Investitionsrechnung
Regelmäßigkeit	Erstellung in regelmäßigen Zeitabständen und fallweise Erstellung	Fallweise Erstellung (siehe 1.2)
Betrachtungszeitraum	Einperiodige Rechnung	i.d.R. mehrperiodige Rechnung
Bezugsobjekt	Gesamtes Unternehmen, Betrieb, Betriebsteile, Produkte, Aufträge	Einzelne Investitionsobjekte oder ein Investitionsprogramm
Rechnungszweck	Steuerung des Unternehmens und Ermittlung von Preisuntergrenzen (Kalkulation)	Ermittlung der monetären Vorteilhaftigkeit von Investitionsobjekten
Rechnungselemente	Kosten und Leistungen	Kosten und Leistungen oder Aus- und Einzahlungen

1.5 Verfahren der Investitionsrechnung

Investitionskalküle werden in der Literatur üblicherweise zunächst nach der fehlenden oder vorhandenen Berücksichtigung des Zeitbezugs in statische und dynamische Verfahren gruppiert. Grundlegend für die älteren, statischen Verfahren der Investitionsrechnung ist die klassische Produktions- und Kostentheorie. Da sich diese Kalküle lediglich auf eine Wirtschaftsperiode beziehen, mithin den Zeiteinfluß nicht berücksichtigen, werden sie als statisch bezeichnet. Als Rechnungselemente der statischen Verfahren dominieren jene der internen Erfolgssphäre, Kosten und Leistungen. Die auf der Kapital- und Zinstheorie aufbauenden, dynamischen Investitionskalküle berücksichtigen explizit den Zeitfaktor und damit trivial formuliert das kaufmännische Prinzip „eine Mark heute ist mir lieber als eine Mark in einem Jahr". Die verwandten Rechnungselemente sind Ein- und Auszahlungen, folglich solche der Zahlungsmittel- oder Liquiditätssphäre.

Weitere Kriterien zur Differenzierung der Investitionskalküle, auf die im späteren Verlauf eingegangen wird, sind der Kenntnisstand über die zukünftige Entwicklung und die Vollkommenheit des der Betrachtung zugrundeliegenden Kapitalmarktes.

Übungsaufgaben zum 1. Kapitel

Aufgabe 1.1
Erläutern Sie den Investitionsbegriff.

Aufgabe 1.2
Welche Aufgabe erfüllen Investitionskalküle?

Aufgabe 1.3
Klären Sie mittels nachstehender Kriterien die jeweils genannte Investitionsart:

a) Der Kauf einer neuen Fräsmaschine soll dazu dienen, daß der Produktionsengpaß, welcher sich bislang duch die geringe Kapazität der alten Maschine ergab, beseitigt wird.
b) Aufgrund der vom Investor erwarteten Entwicklung im Zusammenhang mit der EU-Währungsunion sollen Aktien verkauft und hierfür Obligationen erworben werden.
c) Die Schaffung einer neuen Position im Unternehmen, die des Finanzcontrollers, erfordert den Kauf einer neuen Büroausstattung.
d) Da in Zukunft die Marketingaktivitäten auf dem amerikanischen Kontinent verstärkt werden sollen, wird im Vorfeld eine umfangreiche Studie bei einem Marktforschungsinstitut in Auftrag gegeben.
e) Im Zusammenhang mit der Errichtung eines neuen Unternehmens (Weinhandel), soll ein Kleinbus zur Auslieferung angeschafft werden.

	Anlage-, Finanz- oder immaterielle Investition	Gründungs-, Erweiterungs- oder Ersatzinvestition	Funktionsbereich
a)			
b)			
c)			
d)			
e)			

Aufgabe 1.4
Nennen und erläutern Sie kurz die 5 unterschiedlichen Fälle der Investitionsentscheidung.

Aufgabe 1.5
Wodurch ergibt sich die Notwendigkeit zur Investitionsplanung?

Aufgabe 1.6
Zur Beseitigung des Parkplatzmangels am Frankfurter Flughafen erwägt die Betreiber AG anstelle der Errichtung eines neuen Parkhauses, einen externen Dienstleister, die Schnarch GmbH, mit der Einrichtung eines „Car-Pools" zu beauftragen. Hierbei soll das fliegende Personal für die Dauer seiner Freizeit auf Fahrzeuge für DM 20,-/Tag plus Benzinkosten ohne km-Begrenzung zugreifen können und die Fahrzeuge zur weiteren Vermietung während ihres Flugdienstes wieder zurückgeben. Damit soll ein Anreiz zur Abschaffung der ansonsten jeweils am Flughafen geparkten Privatfahrzeuge geschaffen werden. Der Mitarbeiter der Schnarch GmbH, Herr Traudich, erstellt daraufhin, in enger Zusammenarbeit mit der Betreiber AG, ein kurzes Risiko-Chancenprofil, woraufhin die Schnarch GmbH den Auftrag erhält. Da die Schnarch GmbH ein öffentliches Unternehmen ist, plant sie die Anschaffung von 530 deutschen Kleinwagen, von den Angeboten ausländischer Kraftfahrzeughersteller wird abgesehen. Kurze Zeit nach ihrer Anfrage liegen ihr die Angebote von 3 Kfz-Produzenten vor und sie entscheidet sich, aufgrund der prognostizierten niedrigeren Kosten pro km, für ein Modell des Herstellers Lord. Die Fahrzeuge werden angeschafft und etwa ein Jahr nach Anlauf des „Car-Pools" erbringt eine umfangreiche Studie des freiberuflichen Beraters Fix ein auch für die Zukunft zu erwartendes, defizitäres Ergebnis.

Auch das nun einsetzende laute Klagen der Repräsentanten der Schnarch GmbH bewirkt keine Verbesserung der langfristig festgelegten vertraglichen Konditionen.

Klären Sie für den aufgezeigten Fall die Phasen der Investitionsplanung aus der Sicht der Schnarch GmbH.

Aufgabe 1.7
Ordnen Sie die Investitionsrechnung in das System des betrieblichen Rechnungswesens ein und zeigen Sie die Unterschiede zur Kostenrechnung anhand der Kriterien „Regelmäßigkeit der Erstellung", „Betrachtungszeitraum" und „Bezugsobjekt" auf.

Aufgabe 1.8
Warum ist es innerhalb der Investitionsrechnung wenig sinnvoll, mit den Rechnungselementen Aufwand und Ertrag zu operieren?

Aufgabe 1.9
Erläutern Sie kurz den wesentlichen Unterschied zwischen den statischen und den dynamischen Verfahren der Investitionsrechnung.

2. Statische Investitionskalküle

Der hohe Bekanntheitsgrad der statischen Verfahren geht nicht zuletzt auf die Entwicklungen von Betriebstechnikern und Ingenieuren bereits in den 30er Jahren des 20. Jahrhunderts zurück, da sich zu dieser Zeit das Problem der harmonischen Eingliederung weiterer Investitionsobjekte in den bestehenden Anlagebestand, aber auch das Ersatzproblem erstmalig in nennenswertem Umfang zeigte.

Die statischen Verfahren herrschen zur Beurteilung von Investitionsvorhaben in Klein- und Mittelbetrieben vor, während sie in Großunternehmen i.d.R. zur Ergänzung der dynamischen Verfahren eingesetzt werden. Die wesentlichen Kennzeichen der statischen Verfahren sind teilweise bereits genannt worden, sollen an dieser Stelle jedoch nochmals zusammenfassend dargestellt werden:

- Die fehlende finanzmathematische Basis führt dazu, daß der zeitliche Anfall der mit dem Investitionsvorhaben verbundenen Ein- und Auszahlungen unberücksichtigt bleibt.
- Mit Ausnahme der Kumulationsmethode (vgl. 2.4.2) unterliegt den Verfahren eine einperiodige Betrachtungsweise. Verrechnet werden die erwarteten Resultate einer fiktiven, das Investitionsvorhaben repräsentierenden Durchschnittsperiode.
- Da somit durchschnittliche Größen ohne Berücksichtigung ihres zeitlichen Anfalls verarbeitet werden, erklärt sich die Verwendung der periodisierten Rechnungselemente der Kosten und Leistungen (Erfolgsebene).

Nachstehendes Beispiel soll diese Kennzeichen statischer Verfahren verdeutlichend darlegen:

Beispiel 2.1: Periodisierung der Zahlungen im Rahmen statischer Verfahren
Ein Investitionsvorhaben würde bei seiner Realisierung zu einer Anschaffungsauszahlung (Kaufpreis) von DM 100.000 und bei einer Nutzungsdauer von 5 Jahren zu folgenden jährlichen Kundeneinzahlungen in DM führen: 10.000, 20.000, 30.000, 40.000, 50.000. Sonstige Ein- und Auszahlungen fallen nicht an.

Da der zeitliche Anfall der Zahlungen im Rahmen statischer Methoden unberücksichtigt bleibt, wäre die dieses Vorhaben repräsentierende Durchschnittsperiode mit einer Einzahlung von DM (10.000 + 20.000 + 30.000 + 40.000 + 50.000) : 5 = 30.000,- zu besetzen. Da aus gleichem Grunde die einmalige Auszahlung von DM 100.000 einer fünfmaligen in Höhe von DM 20.000 entspricht, kann dieses Vorhaben durch einen Überschuß von 10.000 (30.000 - 20.000) beschrieben werden. Die Periodisierung der Anschaffungsauszahlung überführte die Betrachtung von der Zahlungsmittelebene zur Erfolgsebene (Abschreibungsaufwand statt Auszahlung).

2.1 Kostenvergleichsrechnung

Bei der Kostenvergleichsrechnung dienen als Beurteilungsmaßstab von Investitionsvorhaben die damit verbundenen Stück- oder Gesamtkosten pro Periode. Der Stückkostenvergleich ist nur in jenen Fällen relevant, in denen den alternativen Investitionsobjekten unterschiedliche Produktionsmengen zugeordnet werden. Bei unterschiedlicher (oder gleicher) Kapazität aber (und) identischen Produktionsmengen kann der weniger zeitintensive Periodenvergleich angewandt werden.

Das Entscheidungskriterium lautet:
Realisiere das Investitionsvorhaben mit den minimalen Kosten!

Kalkulatorische Abschreibungen (KA) werden im Rahmen der Kostenvergleichsrechnung üblicherweise zeitorientiert, linear über die Nutzungsdauer (n), verteilt unter Berücksichtigung eines eventuellen Restwerterlöses (RW). Bei gegebenen Anschaffungskosten (AK) ergibt sich die Höhe der kalkulatorischen Abschreibungen nach:

$$KA = \frac{AK - RW}{n}$$

Die Berücksichtigung kalkulatorischer Zinsen (KZ) erfolgt vor der Zielsetzung, das im Investitionsobjekt durchschnittlich gebundene Kapital angemessen (oder betriebsüblich) zu verzinsen. Davon ausgehend, daß sich in der betrieblichen Realität die Frage nach den Anteilen von Eigen- und Fremdkapital in der Finanzierung eines Investitionsobjektes i.d.R. nicht beantworten läßt, steht die Ermittlung eines Mischzinssatzes (i) an, welcher sowohl Gläubiger- als auch Eigenkapitalgeberansprüche befriedigen soll. Weiterhin von kontinuierlicher Kapitalfreisetzung oder Restwertreduzierung über die Nutzungsdauer hinweg ausgehend, ergibt sich:

$$KZ = \frac{AK + RW}{2} \times i$$

Der Quotient steht hierbei stellvertretend für das durchschnittlich gebundene Kapital, der Zinssatz ist Ausdruck des Anspruchsniveaus des Entscheidungsträgers.

In dieser Form ermittelt, weisen sowohl kalkulatorische Abschreibungen als auch Zinsen Fixkostencharakter auf, sind sie doch beschäftigungsunabhängig.

Neben diesen beiden Komponenten sind anfallende, entscheidungsrelevante Betriebskosten zu berücksichtigen, wie Personal-, Material-, Instandhaltungs-, Raum-, Energie- und sonstige Kosten, welche entweder Fixkosten oder variable (beschäftigungsabhängige) Kosten darstellen. Sofern keine weiteren Angaben erfolgen, ist von einem linearen Gesamtkostenverlauf auszugehen.

Beispiel 2.2: Kostenvergleich im Falle gleicher Kapazitätsauslastung

Einem Investor stehen zwei alternative Investitionsobjekte zur Wahl. Beide Alternativen weisen eine Kapazität (und Kapazitätsauslastung) von 40.000 Stück/Jahr auf, eine Nutzungsdauer von 10 Jahren und einen erwarteten Restwert von 0 DM nach Ablauf der Nutzungsdauer.

Der im Unternehmen üblicherweise angesetzte kalkulatorische Zinssatz beträgt 10 %.

Investitionsobjekt:	1	2
Anschaffungskosten:	DM 120.000	DM 100.000
Fixkosten/Periode KA:	DM 12.000	DM 10.000
KZ:	DM 6.000	DM 5.000
Sonstige Fixkosten:	DM 25.500	DM 25.000
Variable Kosten/Periode:	DM 28.000	DM 32.000
Gesamtkosten/Periode:	DM 71.500	DM 72.000

Infolge niedrigerer Gesamtkosten/Periode sollte das Investitionsobjekt 1 realisiert werden.

Hinsichtlich der Vorteilhaftigkeitsaussage erbringt auch ein auf die Anschaffungskosten bezogener, für alle zu beurteilenden Vorhaben gleicher prozentualer Restwert keine Veränderung. Denn in Abhängigkeit eines prozentual steigenden Restwertes würden die kalkulatorischen Abschreibungen sinken und die kalkulatorischen Zinsen steigen. Lediglich ein von den Anschaffungskosten unabhängiger Restwert könnte zur relativen Vorteilhaftigkeit des 2. Investitionsobjektes führen. Dies gilt allerdings aufgrund der gewählten Zahlenkonstellation im Beispiel 2.2 nur dann, wenn der Restwert des zweiten Investitionsobjektes größer ist als der Restwert des ersten.

Wenn von unterschiedlichen Produktionsmengen der Investitionsalternativen ausgegangen wird, dann ist statt eines Perioden- ein Stückkostenvergleich durchzuführen.

Beispiel 2.3: Kostenvergleich im Falle unterschiedlicher Auslastung

Einem Investor stehen zwei alternative Investitionsobjekte zur Wahl. Beide Alternativen weisen eine Kapazität von 40.000 Stück/Jahr auf, bei allerdings unterschiedlicher Kapazitätsauslastung, eine Nutzungsdauer von 10 Jahren und einem erwarteten Restwert von 0 DM nach Ablauf der Nutzungsdauer.

Der im Unternehmen üblicherweise angesetzte kalkulatorische Zinssatz beträgt 10 %.

Investitionsobjekt	1	2
Kapazitätsauslastung:	30.000 Stück	32.000 Stück
Anschaffungskosten:	DM 120.000	DM 100.000
Fixkosten/Stück KA:	DM 0,40	DM 0,31
KZ:	DM 0,20	DM 0,16
Sonstige Fixkosten:	DM 0,85	DM 0,78
Variable Kosten/ Stück:	DM 0,70	DM 0,80
Stückkosten:	DM 2,15	DM 2,05

Aufgrund niedrigerer Stückkosten ist die Investitionsalternative 2 vorzuziehen.

Bei Anwendung des Stückkostenkalküls ist zu bedenken, daß sich zuvor angegebene, aus anderen Produktionsmengen resultierende, variable Gesamtkosten (DM 28.000 bei 40.000 Stück) in Abhängigkeit der Produktionsmenge ändern.

Auf die Kostenvergleichsrechnung wird im Hinblick möglicher unsicherer Erwartungen an späterer Stelle (5.1 und 5.2) nochmals eingegangen. Abschließend sollen hier die Nachteile dieses Investitionskalküls aufgezeigt werden, wobei von einer wiederholten Darlegung prinzipieller Probleme aller statischen Verfahren (vgl. 2.) abgesehen wird:

- Die Kostenvergleichsrechnung berücksichtigt nicht die Erlösseite des Investitionsobjektes, sie ist daher zur Beurteilung von Einzelinvestitionsvorhaben ungeeignet.
- Da die in einem Vorteilhaftigkeitsvergleich bestimmte kostengünstigere Alternative nicht zwangsläufig auch die gewinnmaximale ist, kann das Verfahren zur fehlerhaften Auswahlentscheidung führen.
- Aus den genannten Gründen ist das Verfahren zur Beurteilung von Finanzinvestitionen untauglich.

Weitere gegen das Verfahren erhobene Einwände richten sich beispielsweise auf den Stückkostenvergleich und die damit verbundene Problematik der Kostenauflösung in fixe und variable Bestandteile oder das damit einhergehende Problem variierender Verkaufspreise infolge unterschiedlicher Produktionsmengen. Ein weiterer Einwand bezieht sich auf die mangelnden Berücksichtigungsmöglichkeiten der Auswirkungen auf andere Produktionsstufen (mögliche Kostendegressionen in anderen Bereichen durch Erhöhung der Auslastung oder auch das Schaffen von Engpäßen auf vor- oder nachgelagerten Produktionsstufen). Letzterer Einwand der isolierten Betrachtung von Investitionsvorhaben ist jedoch kein kalkülspezifischer, sondern stellt ein allgemeines Problem der Investitionsrechnung dar.

2.2 Gewinnvergleichsrechnung

Die Gewinnvergleichsrechnung berücksichtigt neben der Kosten- auch die Erlös- oder Leistungsseite und beurteilt daher einzelne Investitionsobjekte umfassender.

Das Entscheidungskriterium im Falle einer Einzelinvestition lautet:
Realisiere jedes Vorhaben mit positivem Gewinn!

Zur sinnvollen Anwendung dieses Kriteriums gilt, daß die Voraussetzung der Isolierbarkeit der Gewinne des Vorhabens erfüllt sein muß. Eine Prämisse, die bei einer Sachinvestition, gerade hinsichtlich der Zurechnung von Erlösen auf einzelne Aggregate, i.d.R. nicht oder nur mittels Hilfskonstruktionen erfüllt werden kann.

Das Entscheidungskriterium im Falle einer Auswahlentscheidung lautet:
Realisiere das Vorhaben mit dem höchsten positiven Gewinn!

Bei einem Alternativenvergleich versucht die Gewinnvergleichsrechnung dem möglichen Sachverhalt Rechnung zu tragen, daß die quantitative und qualitative Leistungsabgabe unterschiedlicher Investitionsobjekte differieren kann.

Im Falle einer Beurteilung mehrerer Investitionsvorhaben muß sichergestellt sein, daß nur „Gleiches mit Gleichem" verglichen werden darf, d.h.:

- die Gewinnermittlung auf der Basis gleicher Rechnungselemente erfolgt,

- dem Alternativenvergleich die gleiche Nutzungsdauer zugrundeliegt,
- die Alternativen den gleichen Kapitaleinsatz erfordern.

Im weiteren Verlauf wird der Gewinn als Saldo von Leistungen (oder auch Erlösen) und Kosten ermittelt, d.h. kalkulatorische Zinsen sind bei der Gewinnermittlung zu berücksichtigen.

Die Problematik bei Nichterfüllung der letzten beiden oben aufgeführten Voraussetzungen zeigt das folgende Beispiel auf:

Beispiel 2.4: Auswahlentscheidung per Gewinnvergleichsrechnung

Einem Investor stehen drei konkurrierende Investitionsalternativen zur Auswahl.

Investitionsobjekt:	1	2	3
AK:	DM 100.000	DM 100.000	DM 90.000
n:	7 Jahre	8 Jahre	7 Jahre
Gewinn/Jahr:	DM 25.000	DM 24.000	DM 24.500

Aufgrund des höchsten positiven Gewinns der Alternative 1 wird diese realisiert.

Im Vergleich zur zweiten Alternative weist die erste einen um DM 1.000 höheren Gewinn pro Jahr auf und wird daher vorgezogen. Sofern das Objekt jedoch nach Ablauf der angegebenen Nutzungsdauer nicht durch ein weiteres ersetzt werden kann, ist der Gesamtgewinn der zweiten Anlage (mit 8 x DM 24.000 = DM 192.000) höher als der der ersten (7 x DM 25.000 = DM 175.000). Ein Sachverhalt, der bei der den statischen Verfahren zugrundeliegenden Durchschnittsbetrachtung unberücksichtigt bliebe. Im Vergleich der Investitionsalternative 1 mit der Alternative 3 erfordert letztere einen um DM 10.000 niedrigeren Kapitaleinsatz. Dem steht ein niedriger Periodengewinn von DM 500 entgegen. Sofern der niedrigere Kapitaleinsatz des zweiten Investitionsobjekts zu einer Ergänzungsinvestition verwandt werden kann, ist deren Gewinn in die Betrachtung miteinzubeziehen. Geschieht dies nicht, so sind die beiden Alternativen nicht vergleichbar.

Ein weiteres Problem der Fokussierung der Betrachtung auf durchschnittliche Periodengewinne liegt in der Vernachlässigung der zeitlichen Verteilung zukünftiger Kosten und Erlöse.

Beispiel 2.5: Verrechnung durchschnittlicher Periodengewinne

Der durchschnittliche Periodengewinn von DM 25.000 der ersten Alternative im Beispiel 2.4 ergebe sich auf der Basis folgender Erlös- und Kostenerwartungen (in Tsd. DM):

Jahr:	1	2	3	4	5	6	7
Erlös/Periode:	45	65	70	75	70	70	60
Kosten/Periode:	30	30	30	40	40	40	70
Gewinn/Periode	15	35	40	35	30	30	-10

Erhöhte Reparaturkosten bei Erlösrückgang im 7. Jahr führen zu einem negativen Periodengewinn und lassen einen vorzeitigen Verkauf oder die Stilllegung der Anlage ratsam erscheinen, ein durch die Nivellierung der Gewinne unberücksichtigter Aspekt.

Auf die Gewinnvergleichsrechnung wird im Zusammenhang mit der Berücksichtigung von Unsicherheit im 5. Kapitel nochmals eingegangen.

2.3 Rentabilitätsvergleichsrechnung

Ein Teil der Kritik an der Gewinnvergleichsrechnung leitet über zur Rentabilitätsvergleichsrechnung (auch Renditemethode genannt), welche explizit einen unterschiedlichen Kapitaleinsatz berücksichtigt.

Rentabilität ist das Verhältnis von Gewinn zu eingesetztem Kapital.

> Das Entscheidungskriterium im Falle einer Einzelinvestition lautet:
> **Realisiere jedes Vorhaben, welches die fixierte Mindestrentabilität aufweist oder sie übersteigt!**

Die erforderliche Mindestrentabilität entspricht dem Anspruchsniveau des Investors.

> Das Entscheidungskriterium im Falle einer Auswahlentscheidung lautet:
> **Realisiere das Vorhaben mit maximaler Rentabilität, sofern diese der Mindestrentabilität entspricht oder sie übersteigt!**

Die Rentabilitätsvergleichsrechnung ist ein relativ häufig angewandtes Investitionskalkül, bei allerdings sehr unterschiedlicher konkreter Ausgestaltung von Zähler und Nenner. Da mit dem Ergebnis eine relative Gewinngröße (Kapitalverzinsung) bestimmt wird, sollte bei der Ermittlung des Gewinns, als Zähler der Rentabilität, vom Ansatz kalkulatorischer Zinsen abgesehen werden, da das Resultat ansonsten eine Art „Überrendite" darstellt. Strittig ist die Berücksichtigung der kalkulatorischen Abschreibungen, die aber prinzipiell bei bekannter Nutzungsdauer - im Sinne eines notwendigen Rückflusses des gebundenen Kapitals - bei der Gewinnermittlung einkalkuliert werden sollten.

Zur Bestimmung des Kapitaleinsatzes existieren drei unterschiedliche Varianten:

- Der Kapitaleinsatz entspricht den Anschaffungskosten.
- Der Kapitaleinsatz entspricht der Hälfte der Anschaffungskosten.
- Der Kapitaleinsatz entspricht dem Durchschnitt der (durch Abschreibung bedingten) sinkenden Jahres-Restwerten

Die Verwendung der 2. Alternative zur Bestimmung der Rentabilität (R) in Verbindung einer Gewinngröße vor Abzug kalkulatorischer Zinsen (G+KZ) ergibt die in der Praxis am häufigsten anzutreffende Rentabilitätsvariante im Rahmen der Investitionsbeurteilung:

$$R = \frac{G + KZ}{\frac{AK}{2}}$$

Beispiel 2.6: Auswahlentscheidung per Rentabilitätsvergleichsrechnung
Einem Investor stehen drei konkurrierende Investitionsalternativen zur Auswahl. Im Unternehmen beträgt die erforderliche Mindestrentabilität zur Durchführung von Investitionsvorhaben 15 %.

Investitions-objekt:	1	2	3
AK:	DM 100.000	DM 100.000	DM 90.000
n:	7 Jahre	8 Jahre	7 Jahre
G:	DM 25.000	DM 24.000	DM 24.500
KZ:	DM 5.000	DM 5.000	DM 4.500
R:	60,0 %	58,0 %	64,4 %

Da die 3. Alternative zur höchsten Rentabilität führt, wird sie realisiert.

Da es sich bei dem zuletzt dargelegten Beispiel um jenes handelt, welches auch zur Verdeutlichung der Gewinnvergleichsrechnung gewählt wurde (Beispiel 2.4), zeigt der Wechsel der Vorteilhaftigkeit die Konsequenz des unterschiedlichen Kapitaleinsatzes auf. Allerdings muß auch bei Anwendung der Rentabilitätsvergleichsrechnung darauf geachtet werden, daß nur „Gleiches mit Gleichem" verglichen wird; so ist auch hier die Rendite der erforderlichen Differenzeninvestition und die Rendite der ersten und dritten Alternative im 8. Jahr ungeklärt. Eine Orientierung an relativen statt absoluten Gewinngrößen ist darüber hinaus immer nur dann sinnvoll, wenn der gesamte zur Verfügung stehende Kapitalbetrag bei unterschiedlichen Verwendungsmöglichkeiten berücksichtigt wird. Oder alternativ: Ist ein Vorhaben mit einer Rendite von 80 % bei einem Kapitaleinsatz von DM 1.000 oder eines mit einer Rendite von 20 % bei einem Kapitaleinsatz von DM 1.000.000,- zu präferieren?

Die Probleme des Verfahrens entsprechen jenen der Gewinnvergleichsrechnung. Ist die Vergleichbarkeit der Investitionsalternativen gegeben, so erbringen beide Verfahren das gleiche Resultat.

2.4 Amortisationsvergleichsrechnung

Als Amortisationszeit wird jene Anzahl von Perioden definiert, die benötigt wird, um den Kapitaleinsatz aus den Investitionsrückflüssen wiederzugewinnen (über Produktverkauf, Zinseinnahmen etc.).

In der Literatur finden sich für die Begriffe der Amortisationszeit oder auch -dauer die Alternativen der Kapitalrückflußzeit, Wiedergewinnungszeit, Rückflußdauer oder der Pay-back- bzw. Pay-off-Periode. Es handelt sich hierbei um ein in der Praxis häufig andere (statische oder dynamische) Kalküle ergänzendes Kriterium, bei welchem statt Gewinn- oder Renditegesichtspunkten der Risikoaspekt des Investitionsobjektes analysiert wird. Eine Investition ist um so vorteilhafter, je schneller das eingesetzte Kapital wieder in das Unternehmen zurückgelangt, da das Risiko bezüglich zukünftiger Entwicklungen mit der Länge des Betrachtungszeitraums steigt.

> Das Entscheidungskriterium im Falle einer Einzelinvestition lautet:
> **Realisiere jedes Vorhaben, welches die fixierte, maximal zulässige Amortisationszeit nicht übersteigt!**

Die maximal zulässige Amortisationszeit ist eine subjektive Größe und Ausdruck des Anspruchsniveaus des Investors.

> Das Entscheidungskriterium im Falle einer Auswahlentscheidung lautet:
> **Realisiere das Vorhaben mit der kürzesten Amortisationszeit, sofern diese die maximal zulässige nicht übersteigt!**

Die Amortisationsvergleichsrechnung existiert in zwei Varianten, die im folgenden erläutert werden.

2.4.1 Durchschnittsmethode

Da mit der Amortisationszeit nach der Dauer des vollständigen Kapitalrückflusses gesucht wird, ergibt sich die Notwendigkeit von der Ebene der Erfolgsbegriffe (Kosten und Leistungen) auf die Zahlungsmittelebene (Einzahlungen und Auszahlungen) abzustellen. Erfolgswirksame Vorgänge, die zum Zeitpunkt ihrer Berücksichtigung den Zahlungsmittelbestand nicht verändern (u.a. kalkulatorische Zinsen[2], Abschreibungen, periodenübergreifender Zielkauf und -verkauf), sind bei der Ermittlung des durchschnittlichen Rück-

---

[2] Genauer: Jene Anteile der kalkulatorischen Zinsen, die zur Befriedigung der Eigenkapitalgeberansprüche dienen, da diese im Unterschied zu Fremdkapitalzinsen nicht (zwangsläufig in gleicher Höhe) zu Auszahlungen führen.

flusses oder auch Einzahlungsüberschusses pro Periode (EZÜ$_t$) auszuklammern.

Die Rückflußdauer (n*) des eingesetzten Kapitals (K) wird nach der Durchschnittsmethode wie folgt bestimmt:

$$n^* = \frac{K}{EZÜ_t}$$

Beispiel 2.6: Investitionsentscheidung per Amortisationsvergleichsrechnung
Ein Investor beurteilt folgendes Einzelinvestitionsvorhaben. Außer kalkulatorischen Abschreibungen und Zinsen fallen keine weiteren auszahlungsunwirksamen Kosten an. Als maximal zulässige Amortisationsdauer betrachtet er 5 Perioden.

K:	DM 170.000
G:	DM 21.400
KA +KZ:	DM 22.100
EZÜ$_t$	DM 43.500
n*:	3,91 Perioden

Da die ermittelte Amortisationsdauer geringer ist als die maximal zulässige, wird das Vorhaben realisiert.

Die Durchschnittsbetrachtung entspricht im Ansatz den bisher dargelegten statischen Investitionskalkülen, sie weist jedoch gerade hier ein konzeptimmanentes Problem auf. Wenn ein maßgeblicher Teil des Gesamtrückflusses am Ende der Nutzungsdauer erwartet wird, so führt die Betrachtung durchschnittlicher Rückflüsse zu einer Glättung, welche das Anwendungsziel des Verfahrens, die Risikoeinschätzung, fraglich erscheinen läßt.

Beispiel 2.7: Problematik der Durchschnittsmethode
Ein Entscheidungsträger beurteilt zwei alternative Investitionsobjekte nach ihrer Amortisationsdauer (maximal 4 Jahre). Der notwendige Kapitaleinsatz beträgt jeweils DM 100.000.

Rückflüsse (in TDM) über die Perioden:	1	2	3	4	5	6	Durchschnittlicher Rückfluß/Periode (in TDM)
Inves.-objekt 1:	10	10	10	10	70	70	30
Inves.-objekt 2:	30	30	30	20	20	20	25

Aufgrund des Ergebnisses der Durchschnittsmethode würde sich der Investor, unter Vernachlässigung der Verteilung der Rückflüsse, gegen die 2. Alternative mit einer Amortisationsdauer von 4 Jahren und zugunsten des ersten Investitionsobjektes (3,33 Jahre) entscheiden. Bei Berücksichtigung der Verteilung liegt jedoch die Kapitalwiedergewinnungsdauer der abgelehnten Alternative innerhalb, die der erwählten außerhalb seines Anspruchsniveaus.

Die aufgezeigte Problematik leitet über zur zweiten Variante der Amortisationsvergleichsrechnung.

2.4.2 Kumulationsmethode

Mit der Kumulationsmethode wird ein Nachteil der statischen Kalküle, die einperiodige Betrachtungsweise mittels durchschnittlicher Rechenelemente, beseitigt. Statt durchschnittlicher Rückflüsse berücksichtigt das Verfahren die geschätzten Rückflüsse der einzelnen Perioden getrennt. Diese werden so lange kumuliert, bis der Wert des Kapitaleinsatzes erreicht ist. Bezogen auf das oben dargestellte Beispiel 2.7 ergeben sich die nachstehenden Reihen kumulierter Rückflüsse:

Kumulierte Rückflüsse der Perioden (in TDM)	1	2	3	4	5	6
Inves.-objekt 1:	10	20	30	40	110	180
Inves.-objekt 2:	30	60	90	110	130	150

Aufgrund früherer Amortisation des zweiten Investitionsobjektes ist dieses zu realisieren.

Die Annahme des Anfalls der Rückflüsse zum jeweiligen Periodenende kann durch die Prämisse der über die einzelnen Perioden gleichverteilten Rückflüsse ersetzt werden (welche der Durchschnittsmethode implizit zugrundelag). Dies eröffnet die Möglichkeit der genaueren Bestimmung des Amortisationszeitpunktes über den Ansatz:

$$\text{Amortisationszeitpunkt} = (n^* - 1) + \frac{K - \sum_{t=1}^{n^*-1} EZ\ddot{U}_t}{EZ\ddot{U}_{n^*}}$$

Legende: n^* = Amortisationsperiode
K = Kapitaleinsatz
$EZ\ddot{U}_t$ = Rückfluß in der Periode t
$EZ\ddot{U}_{n^*}$ = Rückfluß in der Amortisationsperiode

Damit ergeben sich für die beiden Investitionsobjekte folgende Amortisationszeitpunkte:

$$\text{Zeitpunkt (Objekt 1)} = (5-1) + \frac{100.000 - 40.000}{70.000}$$
$$= 4{,}86 \text{ Perioden}$$

$$\text{Zeitpunkt (Objekt 2)} = (4-1) + \frac{100.000 - 90.000}{20.000}$$
$$= 3{,}50 \text{ Perioden}$$

Die Entscheidung zur Realisierung des zweiten Investitionsobjekts zeigt deutlich ein wesentliches Problem der Kumulationsmethode auf, welches in der Vernachlässigung der Höhe der Rückflüsse nach dem Amortisationszeitpunkt liegt. Prinzipiell gilt dies auch für die Durchschnittsmethode, wenn auch im eingeschränkten Maße, da die Durchschnittsbildung zumindest zur anteiligen Berücksichtigung späterer Rückflüsse führt.

Trotz dieses Problems, darf bei der Kritik der Amortisationsvergleichsrechnung die Zielsetzung des Verfahrens nicht vernachlässigt werden. Da der Risikoaspekt und nicht der Gesichtspunkt der Gewinnerzielung im Vordergrund steht, ist die Ablehnung der Methode aufgrund fehlender Beurteilung der Wirtschaftlichkeit oder Rentabilität unsinnig. Das Bewußtsein hinsichtlich dieses Problems sollte jedoch dazu führen, daß die Amortisationsvergleichsrechnung nicht als alleiniger Beurteilungsmaßstab verwandt wird. Gerade die Kumulationsrechnung[3] ist als Ergänzungskalkül gut geeignet, sofern die bislang noch vernachlässigte Zeitpräferenz berücksichtigt wird (vgl. 3.2).

2.4.3 Die Restwertproblematik

Bei den bisherigen Beispielen zur Amortisationsvergleichsrechnung wurde von der Existenz erwarteter Restwerte am Ende der Nutzungsdauer abgesehen. Häufig findet sich in der einschlägigen Literatur der Vorschlag, einen angegebenen Restwert vom Kapitaleinsatz in Abzug zu bringen:

$$n^* = \frac{K - RW}{EZÜ_t}$$

Beispiel 2.8: Amortisationsvergleichsrechnung bei Restwerterlös

Eine Investor beurteilt folgendes Einzelinvestitionsvorhaben. Die angegebenen Rückflüsse erfolgen konstant. Als maximal zulässige Amortisationsdauer betrachtet er 5 Perioden.

K:	DM 170.000
G:	DM 21.400
KA + KZ:	DM 22.100
EZÜ$_t$:	DM 43.500
RW:	DM 20.000

Die Amortisationsdauer beträgt 3,45 Perioden.

Problematisch ist der hierbei als konstant angenommene Restwert, eine Annahme, die wenig plausibel erscheint.

---

[3] Die Durchschnittsmethode sollte ergänzend nur im Falle konstanter Periodenrückflüsse gewählt werden.

Sofern ein Restwert im Kalkül berücksichtigt werden soll, ist er über den gesamten Verlauf der Nutzungsdauer in seiner voraussichtlichen Höhe anzugeben. Die zukünftig erwarteten Rückflüsse sind pro Periode um die dann jeweils noch vorhandenen Restwerte zu erhöhen (im Falle negativer Restwerte zu reduzieren).

Beispiel 2.9: Amortisationsvergleichsrechnung und variable Restwerterlöse
Ein Entscheidungsträger beurteilt folgendes Investitionsobjekt nach seiner Amortisationsdauer (maximal 4 Jahre). Der notwendige Kapitaleinsatz beträgt DM 100.000.

Perioden:	1	2	3	4	5	6
Kumulierte Rückflüsse der Perioden (in TDM):	30	60	90	110	130	150
Restwerte (in TDM):	55	38	24	15	10	7
Gesamte mögliche Kapitalfreisetzung (in TDM):	85	98	114	125	140	157

Bei Liquidierung des Investitionsobjektes nach der 3. Periode zu DM 24.000 beträgt die Summe aus Rückflüssen und Restwert erstmalig mehr als DM 100.000.

2.5 MAPI-Verfahren

Am „Machinery and Allied Products Institute" (MAPI) in Chicago wurde in den vierziger Jahren ein Verfahren entwickelt, welches vorrangig zur Beurteilung kleinerer Ersatzinvestitionen in der betrieblichen Praxis dienen sollte. Das MAPI-Verfahren ist ein Näherungsverfahren, bei dem bewußt eine Reihe von Vereinfachungen eingingen. Wie noch zu erläutern, beinhaltet das Verfahren statische und dynamische Elemente. Da das Kalkül, trotz der Zielsetzung seiner Entwickler, in den Unternehmen kaum Verwendung findet, sollen hier nur seine Grundzüge dargelegt werden.

Die beiden wesentlichen Komponenten der zu lösenden Entscheidungssituation sind einerseits ein „Herausforderer" in Form einer Ersatzanlage und andererseits eine Altanlage als „Verteidiger". Das grundsätzliche Ziel des

Verfahrens besteht darin, aus den zur Zeit erhältlichen Ersatzobjekten die optimalen aufzuspüren und anschließend zu prüfen, ob diese zur Verdrängung der momentanen Anlage geeignet sind. Als Maßstab der Vorteilhaftigkeit der neuen Anlage dient eine relative Rentabilität (nach Steuern) bei einperiodiger Betrachtung.

$$\text{Relative Rentabilität} = \frac{\begin{array}{l}\text{Betriebsgewinn der nächsten Periode}\\ +\text{ Vermiedener Kapitalverzehr der nächsten Periode}\\ -\text{ Entstehender Kapitalverzehr der nächsten Periode}\\ \underline{-\text{ Nettoanstieg der Ertragssteuer in der nächsten Periode}}\end{array}}{\text{Nettoinvestitionsauszahlung}}$$

Die Elemente der Berechnung beziehen sich jeweils auf die mit der neuen Anlage eintretenden Veränderungen. So enthält der zusätzliche Betriebsgewinn auch eine mögliche Kostenreduktion infolge der neuen Anlage.

Zu der bei Neuinvestition vermiedenen Verringerung des Liquidationserlöses der Altanlage bei Weiterbetrieb sind die Auszahlungen vermiedener Reparaturen der Altanlage hinzuzurechnen.

Der entstehende Kapitalverzehr stellt das dynamische Element der Methode dar. Einfach beschrieben, ergibt er sich durch Saldierung von Anschaffungskosten und Nutzungswert (abgezinstes Überschußpotential zukünftiger Perioden) der neuen Anlage am Periodenende. Zu seiner Bestimmung wurden spezielle Diagramme entwickelt, anstelle spezifischer Voraussagen treten Muster- oder Normverläufe.

Der Anstieg der Ertragssteuer ist auf den zusätzlichen Betriebsgewinn durch die neue Anlage bedingt. Die Nettoinvestitionsauszahlung beinhaltet neben der Anschaffungsauszahlung für die neue Anlage den freigesetzten Liquidationserlös und vermiedene Reparaturen der Altanlage. Die günstigste Ersatzinvestition ist jene, welche maximale relative Rentabilität aufweist.

2.6 Zusammenfassung der Entscheidungskriterien und Kritik

Entscheidungskriterium der **Kostenvergleichsrechnung**:
Realisiere das Investitionsvorhaben mit den minimalen Kosten!
Wesentliche Kritik:
- Keine Berücksichtigung der zeitlichen Struktur anfallender Zahlungen;
- Verrechnung durchschnittlicher Kosten;
- Erlösseite wird nicht berücksichtigt;
- keine Beurteilung von Einzelinvestitionen oder Finanzinvestitionen möglich;
- die kostengünstigste Alternative ist nicht zwangsläufig gewinnbringend bzw. gewinnmaximal.

Entscheidungskriterien der **Gewinnvergleichsrechnung**:
Realisiere jedes Vorhaben mit positivem Gewinn (Einzelinvestition)!
Realisiere das Vorhaben mit dem höchsten positiven Gewinn (Auswahlentscheidung)!
Wesentliche Kritik:
- Keine Berücksichtigung der zeitlichen Struktur anfallender Zahlungen;
- Verrechnung durchschnittlicher Gewinne;
- problematische Erlös- und damit Gewinnzuordnung zu einzelnen Investitionsvorhaben;
- nur sinnvoll bei gleicher(m) Nutzungsdauer und Kapitaleinsatz.

Entscheidungskriterien der **Rentabilitätsvergleichsrechnung**:
Realisiere jedes Vorhaben, welches die fixierte Mindestrentabilität aufweist oder sie übersteigt (Einzelinvestition)!
Realisiere das Vorhaben mit maximaler Rentabilität, sofern diese der Mindestrentabilität entspricht oder sie übersteigt (Auswahlentscheidung)!
Wesentliche Kritik:
- Keine Berücksichtigung der zeitlichen Struktur anfallender Zahlungen;
- Verrechnung durchschnittlicher Gewinne;
- nur sinnvoll bei gleicher(m) Nutzungsdauer und Kapitaleinsatz;
- Orientierung an einer relativen Gewinngröße.

Entscheidungskriterien der **Amortisationsvergleichsrechnung**:
Realisiere jedes Vorhaben, welches die fixierte, maximal zulässige Amortisationszeit nicht übersteigt (Einzelinvestition)!
Realisiere das Vorhaben mit der kürzesten Amortisationszeit, sofern diese die maximal zulässige nicht übersteigt (Auswahlentscheidung)!
Wesentliche Kritik:
- Kein Rendite-, sondern Risikomaß (Vernachlässigung der Rückflüsse nach dem Amortisationszeitpunkt);
- ungeeignet als alleiniger Beurteilungsmaßstab.
  Durchschnittsmethode:
- Keine Berücksichtigung der zeitlichen Struktur anfallender Zahlungen;
- Verrechnung durchschnittlicher Rückflüsse.

Übungsaufgaben zum 2. Kapitel

Aufgabe 2.1
Aufgrund eines stark ansteigenden Auftragseingangs erwägt ein Investor die Anschaffung einer weiteren Produktionsanlage. Nach intensiven Marktrecherchen gelangen zwei alternative Anlagen in die engere Auswahl. Der Investor berücksichtigt einen kalkulatorischen Zinssatz von 12 %. Er prognostiziert folgende Daten:

Investitionsobjekt:	1	2
Anschaffungskosten:	DM 300.000	DM 360.000
Restwert nach Ablauf der Nutzungsdauer:	DM 30.000	DM 48.000
Nutzungsdauer:	10 Jahre	8 Jahre
Produktionsmenge:	10.000 Stück	10.000 Stück
Durchschnittliche variable Kosten/Stück:	DM 11,60	DM 9,30
Durchschnittliche Fixkosten		
Kalkulatorische Abschreibungen:	?	?
Kalkulatorische Zinsen:	?	?
Sonstige Fixkosten:	DM 6.900	DM 15.000
Verkaufspreis:	DM 21,-	DM 21,80

a) Bestimmen Sie die optimale Alternative mittels der Kostenvergleichsrechnung.

b) Bestimmen Sie die optimale Alternative anhand einer Gewinnvergleichsrechnung. Gehen Sie davon aus, daß die gesamte Produktionsmenge verkauft werden kann.

c) Alternativ zu den o.a. Daten soll bei dem zweiten Investitionsobjekt von einer Produktionsmenge von 11.000 Stück ausgegangen werden. Beurteilen Sie beide Alternativen anhand eines Stückkostenvergleichs.

d) Warum empfiehlt es sich im Falle von c) einen Stückkosten- statt einen Periodenvergleich durchzuführen?

Aufgabe 2.2

In einer Großbäckerei wird derzeit erwogen, eine neu auf den Markt gelangte Anlage mit einer vom Hersteller zugesicherten Nutzungsdauer von 10 Jahren und einer Jahreskapazität von 90.000 Stück zu kaufen. Die Alternative hierzu wäre der Weiterbetrieb der derzeitigen Anlage, bei welcher von einer Rest-Nutzungsdauer von 3 Jahren ausgegangen wird. Würde die Entscheidung zugunsten der neuen Anlage fallen, so könnte die alte Anlage zum derzeitigen Buchwert von DM 6.000 verkauft werden. Sofern von einem Ersatz abgesehen wird, könnte die alte Anlage nach 3 Jahren des Weiterbetriebs zu DM 900,- veräußert werden. Der Kalkulationszinsfuß beträgt 12 %. Folgende weitere Informationen liegen dem Entscheider vor:

Investitionsobjekt:	Neue Anlage	Alte Anlage
Anschaffungskosten:	DM 75.000	DM 20.000
(Rest-)Nutzungsdauer:	10 Jahre	3 Jahre
Restwert:	DM 5.000	DM 900
Jahreskapazität:	90.000 Stück	55.000 Stück
<u>Fixkosten</u>		
Kalk. Abschreibungen:	?	?
Kalk. Zinsen:	?	?
Sonstige:	DM 6.400	DM 2.500
Variable Kosten/Stück:	DM 0,94	DM 0,85

Als mögliche Absatzmenge werden 50.000 Stück erwartet.

a) Prüfen Sie mittels einer Kostenvergleichsrechnung, ob die alte Anlage unter den genannten Bedingungen ersetzt werden sollte.

b) Bei der Angabe der variablen Kosten/Stück der alten Anlage in a) handelt es sich um einen Übermittlungsfehler. Der korrekte Wert beträgt DM 1,15. Führen Sie den Kostenvergleich nochmals durch.

c) Im Unterschied zur anfänglich genannten Marktlage soll aufgrund mehrerer Großaufträge in den zehn Folgejahren von folgenden Absatzmengen (beliebig teilbar) ausgegangen werden:

   Erstes bis viertes Jahr: 130.000 Stück pro Jahr
   Fünftes bis zehntes Jahr: 100.000 Stück pro Jahr

Als möglicher Absatzpreis werden DM 1,60 erwartet. Beurteilen Sie die folgenden Strategien per Gewinnvergleichsrechnung (Variable Kosten Altanlage = DM 1,15):

1. Die alte Anlage wird nicht ersetzt oder durch eine neue ergänzt. Dies bedeutet, daß auf erheblichen Erlös verzichtet wird, da auch nach 3 Jahren keine weitere Anlage angeschafft wird.

2. Die alte Anlage wird in 3 Jahren durch eine neue ersetzt. Der Einfachheit halber soll davon ausgegangen werden, daß in 3 Jahren die neue Anlage zum gleichen Preis erhältlich ist.

3. Die alte Anlage wird sofort durch eine neue ersetzt.

4. Eine neue Anlage wird zur Ergänzung der alten beschafft.

5. Es werden sofort zwei neue Anlagen zum Ersatz der alten geordert.

d) Wurde im Teil c) dieser Aufgabe „Gleiches mit Gleichem" verglichen? Legen Sie kurz die Problematik des vorgenommenen Gewinnvergleichs dar.

Aufgabe 2.3

Die Wundertüten GmbH plant die Anschaffung einer neuen Verpackungsanlage. Zwei Modelle stehen zur Auswahl. Zum einen die technisch etwas rückständige Anlage „Fad" (Anschaffungskosten von DM 100.000) und zum anderen die innovative „Techno" (Anschaffungskosten von DM 150.000), welche sich in erster Linie durch eine hohe Anzahl kreativer Alternativen zur äußeren Gestaltung der Wundertüten auszeichnet. Die Periodenkapazität beider Anlagen beträgt 10.000 Stück. Der mögliche Absatzpreis der auf der Anlage „Fad" (der Anlage „Techno") produzierten Tüten wird mit DM 4,50 (DM 6,20), bei einer Absatzmenge in Höhe der vollen Periodenkapazität, veranschlagt. Nach einer geplanten Nutzungsdauer von jeweils 5 Perioden wird für beide Anlagen von einem Restwert von DM 0 ausgegangen. An zusätzlichen Informationen liegen vor:

Verpackungsmaschine:	Fad	Techno
Sonstige Fixkosten:	DM 7.000	DM 8.500
Variable Kosten/Stück:	DM 1,20	DM 1,48

Das Unternehmen kalkuliert mit einem Zinssatz von 10 %.

Ermitteln Sie die Vorteilhaftigkeit der Alternativen nach der Gewinn- und nach der Rentabilitätsvergleichsrechnung.

Aufgabe 2.4

Im Rahmen der Erweiterung des Geschäftsbetriebes plant ein Entscheider die Anschaffung eines Investitionsobjektes. Folgende Alternativen stehen zur Verfügung:

Investitionsobjekt:	1	2	3
Kapitaleinsatz:	DM 160.000	DM 240.000	DM 320.000
Nutzungsdauer:	6 Jahre	8 Jahre	6 Jahre
Restwert:	DM 0	DM 0	DM 0
Durchschnittlicher Kapitalrückfluß pro Periode:	DM 28.000	DM 40.000	DM 58.000

a) Bestimmen Sie die optimale Alternative unter Zuhilfenahme der Amortisationsdauerrechnung.

b) Zeigen Sie die Problematik auf, die durch alleinige Verwendung dieses Kalküls entsteht.

c) In welcher Weise würden Sie einen positiven Restwert nach Ablauf der angegebenen Nutzungsdauer in Ihrer Berechnung verwenden?

Aufgabe 2.5

Beurteilen Sie folgendes Investitionsvorhaben durch die Bestimmung des Amortisationszeitpunkts. Als Anschaffungskosten würden bei Entscheidung zur Realisierung DM 160.000 anfallen. Die im Unternehmen geltende maximal zulässige Amortisationszeit beträgt 5 Jahre.

Periode:	Erlöse:	Kosten:	Gewinn:
1	DM 50.000	DM 40.000	DM 10.000
2	DM 60.000	DM 42.000	DM 18.000
3	DM 70.000	DM 44.000	DM 26.000
4	DM 80.000	DM 50.000	DM 30.000
5	DM 90.000	DM 53.000	DM 37.000
6	DM 100.000	DM 61.000	DM 39.000
7	DM 100.000	DM 61.500	DM 38.500

Die angegebenen Kosten führen zu 80 % zu Auszahlungen.

3. Dynamische Investitionskalküle

Grundlage der dynamischen Investitionskalküle sind die mit dem Investitionsvorhaben verbundenen erwarteten Liquiditätszu- und -abflüsse im Betrachtungszeitraum. Diese werden in Form einer Zahlungsreihe abgebildet: A_0, $EZÜ_1$, $EZÜ_2$, ... $EZÜ_n$, mit A_0 als Anschaffungsauszahlung und $EZÜ_t$ als laufende positive oder negative Einzahlungsüberschüsse (= Einzahlung - Auszahlung) am Ende der jeweiligen Perioden. Für den Fall einer sogenannten Normalinvestition werden nach einer Anschaffungsauszahlung für das Investitionsobjekt in der Folge seiner Nutzung ausschließlich positive Einzahlungsüberschüsse erwartet.

Beispiel 3.1: Zahlungsreihe einer Normalinvestition

> Die Erschließung eines neuen Marktes würde eine sofortige Auszahlung von DM 8 Millionen (Errichtung einer Vertriebsstruktur, Lizenzgebühren etc.) verursachen. Auf der Grundlage eines erstellten Marktforschungsberichts wird davon ausgegangen, daß auf diesem Markt über einen Zeitraum von 5 Jahren Kundeneinzahlungen von DM 3 Mio./4 Mio./5 Mio./3 Mio./1 Mio. durch den Produktverkauf erfolgen werden. Auf der Basis dieser Absatzerwartung erfolgt die Prognose der zukünftigen Auszahlungen mit: DM 1,5 Mio./2 Mio./3 Mio./1 Mio./0,5 Mio. für Material, Löhne, Werbung etc. Die Zahlungsreihe lautet: (Angaben in Mio. DM):
>
> | Zeitpunkte: | t_0 | t_1 | t_2 | t_3 | t_4 | t_5 |
> |---|---|---|---|---|---|---|
> | | -8 | 1,5 | 2 | 2 | 2 | 0,5 |

Da der heutige Wert (Wert in t_0) zukünftiger Einzahlungsüberschüsse neben deren nomineller Höhe auch von dem Zeitpunkt zu dem sie erwartet werden abhängt, berücksichtigen alle dynamischen Verfahren den zeitlichen Anfall der voraussichtlichen Ein- und Auszahlungen durch die Verwendung finanzmathematischer Instrumente und hiermit das Prinzip „eine Mark heute ist mir lieber als eine Mark in einem Jahr" (Zeitpräferenz des Geldes). Damit kann das oben aufgeführte Vorhaben unter Verwendung dynamischer Methoden nicht positiv beurteilt werden, da der Nominalbetrag der sofort fälligen Anschaffungsauszahlung dem Nominalbetrag der zukünftig erwarteten Einzahlungsüberschüsse entspricht.

Die Problematik der Isolierbarkeit des zu beurteilenden Investitionsobjekts (siehe 2.1) besteht auch bei den finanzmathematischen Kalkülen. Ihr Vorteil, die Berücksichtigung des zeitlichen Anfalls der monetären Konsequenzen eines Investitionsvorhabens, geht einher mit einem gewichtigen Prognoseproblem bezüglich künftiger Ein- und Auszahlungen. Dieses wird jedoch, über die Annahme sicherer Erwartungen, ignoriert.

Darüber hinaus basieren die Grundkonzepte der dynamischen Verfahren, mit Ausnahme der Endwertverfahren, auf der Voraussetzung eines vollkommenen Kapitalmarkts. Dieser wirklichkeitsferne Markt zeichnet sich im wesentlichen wie folgt aus:

- Kapital steht einem Investor unabhängig seiner Bonität zur Verfügung; es erfolgt keine Differenzierung zwischen Eigen- und Fremdkapital.
- Es herrscht vollständige Markttransparenz; Konsequenz hieraus ist ein einziger, einheitlicher Marktzins (Kalkulationszinssatz oder -fuß).

Damit existieren keinerlei Liquiditätsprobleme und keine Motivation zu Finanzierungsüberlegungen, die beliebige Geldanlage und Geldaufnahme erfolgt zum einheitlichen Zinssatz. Aus diesen realitätsfernen Annahmen folgt die grundsätzliche Problematik aller angesprochenen dynamischen Verfahren, welche bei ihrer generellen Beurteilung und insbesondere bei ihrer Verwendung in der betrieblichen Realität zu bedenken sind.

3.1 Finanzmathematische Grundlagen

<u>Legende:</u>

i	=	Zinssatz (dezimal)	$1/q^t$ =	Abzinsungsfaktor (mit $q = 1+i$)
q^t	=	Aufzinsungsfaktor	n =	Nutzungsdauer (in Perioden)
t	=	Zeitpunkt der Ein- oder Auszahlung		
b	=	Annuität	Z_t =	Zahlung zum Zeitpunkt t
K_0	=	Barwert	K_n =	Endwert

Zum besseren Verständnis der Begriffe und Instrumente diene das nachstehende Beispiel.

Beispiel 3.2: Zahlungsvereinbarung im Rahmen eines Unternehmenskaufs

Der Inhaber des Betriebs „Lenz-Wärmetechnik" bietet zum 01.01.1997 (t_0) dem Meister A. Bauer die Übernahme des Unternehmens an. Als Zahlungsmodalität vereinbaren beide eine Zahlung von jeweils DM 100.000,- im Zweijahresrhythmus mit Beginn am 31.12.1997 (t_1) und endend am 31.12.2001 (t_5):

	t_0	t_1	t_2	t_3	t_4	t_5
Zahlungen in TDM:	-	100	-	100	-	100

Sowohl Käufer als auch Verkäufer verfügen über Kapitalanlagemöglichkeiten zu i = 6 %.

a) Barwert

Fragestellung: Welchem heutigen Wert entspricht die vereinbarte Zahlungsmodalität?

oder: Zu welchem Preis, auf der Basis heutiger Werte, wird dieses Unternehmen verkauft?

Der Barwert oder Gegenwartswert einer zukünftigen Zahlung ergibt sich über ihre Abzinsung (oder Diskontierung) durch Multiplikation mit dem Abzinsungsfaktor. **Der Barwert einer Zahlungsreihe ist das Resultat der Abzinsung der einzelnen Zahlungen (Einzahlungen, Auszahlungen oder Einzahlungsüberschüsse) und der anschließenden Addition der Einzelergebnisse:**

$$K_0 = \sum_{t=0}^{n} \frac{Z_t}{q^t}$$

Der fixierten Zahlungsvereinbarung liegt folglich der folgende heutige Unternehmenswert zugrunde:

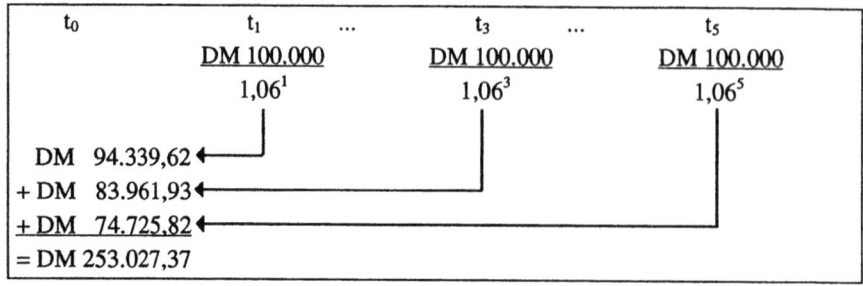

Abbildung 3.1: Barwert einer Zahlungsreihe

Der ermittelte Barwert in Höhe von DM 253.027,37 stellt das Äquivalent der vereinbarten Zahlungsmodalität dar. Unter der Voraussetzung des vollkommenen Kapitalmarktes mit einem Zinssatz von 6 % repräsentiert dieser Wert den Marktpreis der angegebenen Zahlungsreihe.

b) Endwert

Fragestellung: Welchem Wert, bezogen auf den Zeitpunkt 31.12.2001, entspricht die Zahlungsmodalität?

oder: Wie hoch ist das Vermögen des Verkäufers zum 31.12.2001, wenn er die eingehenden Zahlungen zu 6 % auf dem Kapitalmarkt anlegt?

Der Endwert einer Zahlungsreihe ist jener Wert, der sich durch die Aufzinsung der einzelnen Zahlungen bei anschließender Addition ergibt:

$$K_n = \sum_{t=0}^{n} Z_t \times q^{n-t}$$

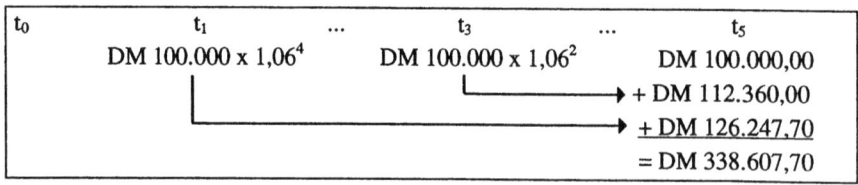

Abbildung 3.2: Endwert einer Zahlungsreihe

Erfolgt eine Anlage der aus dem Unternehmensverkauf resultierenden Zahlungen zu 6 % auf dem Kapitalmarkt, so entsteht hieraus zum 31.12.2001 ein Vermögen von DM 338.607,70.

c) Annuität

Fragestellung 1: Welcher gleichhohen jährlich einmaligen Zahlung, beginnend am 31.12.1997 (t_1) und endend am 31.12.2001 (t_5), entspricht der zuvor ermittelte Barwert (Endwert) ?

Fragestellung 2: Welcher gleichhohen jährlich einmaligen Zahlung, beginnend am 01.01.1997 (t_0) und endend am 01.01.2001 (t_4), entspricht der zuvor ermittelte Barwert (Endwert) ?

Gegenstand der Annuitäten- oder Rentenrechnung ist die Behandlung von periodisch wiederkehrenden gleichhohen Zahlungen (uniformen Zahlungsreihen). Hinsichtlich des Zahlungstermins werden nachschüssige (Fragestellung 1) und vorschüssige Renten (Fragestellung 2) unterschieden. Im ersten Fall erfolgen die Zahlungen am jeweiligen Periodenende, im zweiten Fall zum Beginn einer jeden Periode.

Nachschüssige Rente, ausgehend vom Barwert:

$$b = K_0 \times \frac{i \times q^n}{q^n - 1}$$

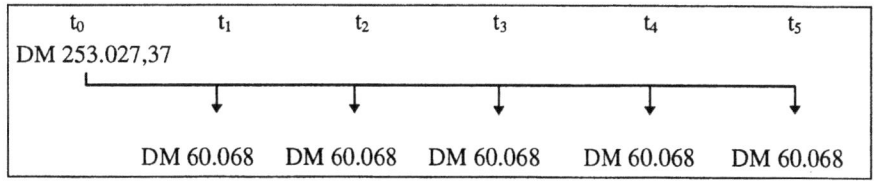

Abbildung 3.3: Nachschüssige Rente eines Barwerts

Nachschüssige Rente, ausgehend vom Endwert:

$$b = K_n \times \frac{i}{q^n - 1}$$

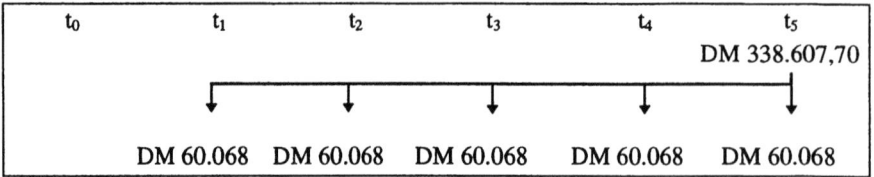

Abbildung 3.4: Nachschüssige Rente eines Endwerts

Vor dem Hintergrund der gesetzten Annahmen entspricht die ermittelte Annuität aus dem Barwert jener aus dem Endwert.

Vorschüssige Rente, ausgehend vom Barwert:

$$b = K_0 \times q^{n-1} \times \frac{i}{q^n - 1}$$

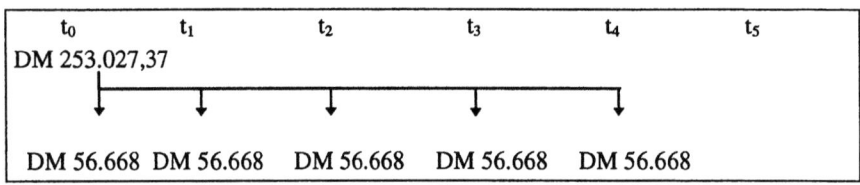

Abbildung 3.5: Vorschüssige Rente eines Barwerts

Vorschüssige Rente, ausgehend vom Endwert:

$$b = K_n \times \frac{i}{q(q^n - 1)}$$

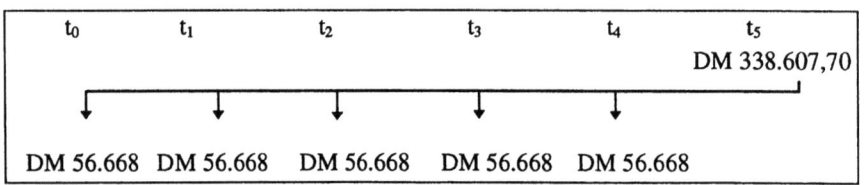

Abbildung 3.6: Vorschüssige Rente eines Endwerts

Zusammenfassend soll an dieser Stelle festgehalten werden, daß unter den Voraussetzungen des vollkommenen Kapitalmarkts bei einem Kalkulationszinsfuß von 6 %, die zwischen dem Verkäufer und Käufer vereinbarte Zahlungsmodalität als gleichwertig mit einer sofortigen Zahlung von DM 253.027,37, einer Zahlung von DM 338.607,70 zum 31.12.2001 oder einer fünfmaligen, jährlich nachschüssigen (vorschüssigen) Rente in Höhe von DM 60.068 (DM 56.668) einzustufen ist.

d) Effektivzins

Die Ermittlung des effektiven Zinssatzes soll anschließend für den einfachen Fall zweier Zahlungen anhand des folgenden Beispiels erläutert werden.

Beispiel 3.3: Bestimmung der Effektivverzinsung

Für eine einmalige Zahlung in ein Lebensversicherungs-Depot in Höhe von DM 100.000 wird einem Kunden ein Betrag von DM 210.000 nach Ablauf von 12 Jahren in Aussicht gestellt.

Der in diesem Beispiel in Aussicht gestellte Zinssatz beträgt:

$$i = \sqrt[n]{\frac{K_n}{K_0}} - 1 \quad = \quad 6{,}38\ \%$$

Von einer Darlegung der finanzmathematischen Instrumente im Falle unterjähriger Verzinsung oder der Handhabung kontinuierlicher Einzahlungen pro Periode wird abgesehen, da die hier darzulegenden Grundlagen dem besseren Verständnis der dynamischen Kalküle dienen sollen und diese üblicherweise ausgehend von einmaligen (diskreten) Zahlungszeitpunkten am Periodenende (zugleich Anfang der Folgeperiode) vorgestellt werden.

3.2 Dynamische Amortisationsvergleichsrechnung

Im Falle der dynamischen Version der Amortisationsvergleichsrechnung wird die Kapitalrückflußdauer (n*) als jener Zeitraum betrachtet, der zur vollständigen Wiedergewinnung der Anschaffungsauszahlung durch die Barwerte der zukünftigen Einzahlungsüberschüsse vergeht:

$$A_0 = \sum_{t=1}^{n^*} \frac{EZ\ddot{U}_t}{q^t}$$

Alternativ formuliert liegt die Amortisationszeit dort, wo der Barwert der Zahlungsreihe (erstmalig) den Wert Null annimmt. An dieser Stelle erreicht der Investor neben der Rückgewinnung der Anschaffungsauszahlung eine Verzinsung ausstehender Beträge in Höhe des Kalkulationszinssatzes.

> Das Entscheidungskriterium im Falle einer Einzelinvestition lautet:
> **Realisiere jedes Vorhaben, welches die fixierte, maximal zulässige Amortisationszeit nicht übersteigt!**

> Das Entscheidungskriterium im Falle einer Einzelinvestition lautet:
> **Realisiere jedes Vorhaben, welches die fixierte, maximal zulässige Amortisationszeit nicht übersteigt!**

Da auch im Falle zukünftig erwarteter gleichhoher Einzahlungsüberschüsse, bedingt durch den mit zunehmender Entfernung zu t_0 steigenden Nenner des Abzinsungsfaktors $1/q^t$, der Barwert der einzelnen EZÜ sinkt, ist von den beiden in 2.4 vorgestellten Methoden der Amortisationsvergleichsrechnung hier lediglich die Kumulationsrechnung relevant.

Beispiel 3.4: Bestimmung der dynamischen Amortisationsdauer

Bei einer Anschaffungsauszahlung von DM 400.000 wird bei einem Investitionsobjekt mit künftigen Einzahlungsüberschüssen von DM 100.000 pro Periode und einer Nutzungsdauer von 6 Jahren gerechnet (i = 10 %).

t	EZÜ	kumulierte EZÜ	Barwerte der EZÜ	kumulierte Barwerte
1	100.000	100.000	90.909,09	90.909,09
2	100.000	200.000	82.644,63	173.553,72
3	100.000	300.000	75.131,48	248.685,20
4	100.000	400.000	68.301,35	316.986,55
5	100.000	500.000	62.092,13	379.078,68
6	100.000	600.000	56.447,39	435.526,07

Während die statische Methode zu einer Rückflußdauer von 4 Perioden gelangt, liegt die dynamische Amortisationsdauer bei 6 Perioden.

Durch die Diskontierung der erwarteten Einzahlungsüberschüsse ist die dynamische Rückflußdauer größer als die statische.

Die Kritik der dynamischen Amortisationsvergleichsrechnung entspricht im wesentlichen der der statischen (Kumulationsrechnung), weshalb sie an dieser Stelle nicht nochmals erörtert werden soll. Allerdings trägt die dynamische Variante ihrer Zielsetzung als Risikokriterium erheblich besser Rechnung, da hierbei die Berücksichtigung einer notwendigen Verzinsung des eingesetzten Kapitals erfolgt.

3.3 Kapitalwertmethode

3.3.1 Grundlagen

Bei der Kapitalwert- oder Barwertmethode handelt es sich um das zentrale dynamische Konzept zur Beurteilung von Investitionsvorhaben. **Der Kapitalwert (C_0) ergibt sich über die Diskontierung aller mit dem Investitionsobjekt verbundenen Ein- und Auszahlungen auf den Zeitpunkt t_0:**

$$C_0 = -A_0 + \sum_{t=1}^{n} \frac{EZÜ_t}{q^t}$$

Beispiel 3.5: Kapitalwertermittlung

Einem Investitionsvorhaben wird folgende erwartete Zahlungsreihe zugeordnet:

t_0	t_1	t_2	t_3	t_4
-10.000	4.000	3.600	3.000	3.980

Bei einem Kalkulationszinsfuß von 10 % beträgt der Kapitalwert 1.583,91.

Sofern davon ausgegangen werden kann, daß am Ende der Nutzungsdauer ein Restwerterlös durch Verkauf (R_n) realisiert werden kann, ergibt sich:

$$C_0 = -A_0 + \sum_{t=1}^{n} \frac{EZÜ_t}{q^t} + \frac{R_n}{q^n}$$

Im Falle konstanter, beispielsweise nachschüssiger Einzahlungsüberschüsse kann anstelle der Einzeldiskontierung der EZÜ, unter Verwendung des in 3.1 vorgestellten Instrumentariums, der Kapitalwert auch nach folgender Formel ermittelt werden:

$$C_0 = -A_0 + EZÜ \times \frac{q^n - 1}{i \times q^n}$$

Beispiel 3.6: Kapitalwertermittlung bei konstanten Einzahlungsüberschüssen

Bei einer Anschaffungsauszahlung von DM 400.000 wird bei einem Investitionsobjekt mit künftigen Einzahlungsüberschüssen von DM 100.000 pro Periode und einer Nutzungsdauer von 7 Jahren gerechnet (i = 10 %).

Der Kapitalwert beträgt DM 86.841,88.

Bei unbekannter Nutzungsdauer des Investitionsobjektes kann unter der Voraussetzung gleichhoher nachschüssiger EZÜ der Kapitalwert auf dem Wege einer Grenzwertbetrachtung (n strebt gegen unendlich) nach folgender Gleichung ermittelt werden:

$$C_0 = -A_0 + \frac{EZÜ}{i}$$

Beispiel 3.7: Kapitalwertermittlung bei unbekannter Nutzungsdauer

Ein Investitionsvorhaben weist bei unbekannter Nutzungsdauer voraussichtlich jährlich-nachschüssige Einzahlungsüberschüsse von 8.000 auf. Die Anschaffungsauszahlung beträgt 120.000, der Kalkulationszinsfuß liegt bei 8 %.

Der Kapitalwert beträgt -20.000.

Das Entscheidungskriterium im Falle einer Einzelinvestition lautet:
Realisiere jedes Vorhaben mit positivem Kapitalwert!

Da von den Prämissen des vollkommenen Kapitalmarktes ausgegangen wird (Sollzins = Habenzins) liegt auch bei der Beurteilung eines einzelnen Investitionsvorhabens immer eine implizite Alternative vor. So erbringt im Falle eines negativen Kapitalwerts die Anlage der für das Investitionsobjekt geplanten Anschaffungsauszahlung auf dem Kapitalmarkt zum Einheitszinssatz zumindest einen Kapitalwert von Null.

Eine weitere der Methode zugrundeliegende Annahme ist die der Anlage zukünftig freiwerdender Mittel zum Kalkulationssinssatz (Wiederanlageprämisse).

Nachstehend eine Übersicht gängiger Interpretationen des Kapitalwerts:

- Der Kapitalwert kann als Grenzpreis der Investition betrachtet werden, da unter der Voraussetzung eines gegebenen Kalkulationszinssatzes ein Investor maximal dazu bereit wäre, einen positiven Kapitalwert zum Zeitpunkt t_0 zusätzlich zur aufgeführten Anschaffungsauszahlung für das Investitionsvorhaben zu investieren.
- Im Unterschied zum Ergebnis der Gewinnvergleichsrechnung handelt es sich beim Kapitalwert einer Investition um den Barwert des Gewinns.
- Der Kapitalwert gibt die Höhe der fiktiven zusätzlichen Konsummöglichkeiten des Investors zum Zeitpunkt t_0 an, da er beispielsweise einen Kredit zum Zinssatz i (in Höhe der Anschaffungsauszahlung plus Kapitalwert) zur Realisierung des Investitionsvorhabens und seines Mehrkonsums aufnehmen könnte, um mit den künftigen EZÜ diesen Kredit incl. der Zinsen zurückzuzahlen.

Das Entscheidungskriterium im Falle einer Auswahlentscheidung lautet:
Realisiere das Vorhaben mit dem höchsten positiven Kapitalwert!

Beispiel 3.8: Auswahlentscheidung per Kapitalwertmethode

Dem Entscheidungsträger bieten sich die beiden folgenden alternativen Investitionsmöglichkeiten:

	t_0	t_1	t_2
Investition 1	-25.000	+27.500	-
Investition 2	-30.000	+12.000	+23.000

Bei einem Kalkulationszinssatz von 8 % ergeben sich folgende Kapitalwerte:

Investition 1: $C_0 = 462{,}96$ Investition 2: $C_0 = 829{,}90$

Aufgrund des höheren Kapitalwerts sollte die Investition 2 realisiert werden.

Trotz unterschiedlicher Anschaffungsauszahlungen, Nutzungsdauer und zeitlicher Struktur der Zahlungsströme handelt es sich im zuletzt aufgezeigten Beispiel um einen zulässigen Vorteilhaftigkeitsvergleich; dies kann unter Zuhilfenahme sogenannter Ergänzungs- oder Differenzinvestitionen (DI) gezeigt werden:

1. Angleichung der Anschaffungsauszahlung

Da das zweite Vorhaben eine um 5.000 höhere Anschaffungsauszahlung erfordert, wird dieser Geldbetrag, zusätzlich zur Anschaffungsauszahlung der ersten Alternative, zum Kalkulationszinsfuß von 8 % auf dem Kapitalmarkt bis t_2 angelegt:

	t_0	t_1	t_2
Investition 1	-25.000	+ 27.500	-
Erste DI	-5.000	-	+ 5.832
Aggregation	-30.000	+ 27.500	+ 5.832

2. Angleichung der zeitlichen Struktur

Zum Zeitpunkt t_1 erbringt die erste Alternative einen um 15.500 höheren EZÜ. Zwecks Homogenisierung der Zahlungsreihen wird dieser Betrag zur Anlage für eine Periode zum Kalkulationszinssatz verwandt.

	t_0	t_1	t_2
Investition 1	-30.000	+ 27.500	+ 5.832
Zweite DI	-	-15.500	+ 16.740
Aggregation	-30.000	+ 12.000	+ 22.572

Da bei Entwicklung der Differenzinvestition jeweils bis zum Zeitpunkt t_2 angelegt wurde, ergibt sich die zwangsläufige Angleichung der Nutzungsdauer. Über den Ansatz der beiden Differenzinvestitionen unterscheidet sich jetzt die erste Investitionsalternative von der zweiten lediglich um einen um 428 niedrigeren EZÜ in t_2. Der Vorteilhaftigkeitsvergleich kann nun durch eine einfache Gegenüberstellung der beiden Zahlungsreihen erfolgen:

	t_0	t_1	t_2
Investition 1	-30.000	+ 12.000	+ 22.572
Investition 2	-30.000	+ 12.000	+ 23.000

Das zweite Investitionsvorhaben sollte aufgrund des höheren EZÜ in t_2 realisiert werden. Weil sich der Kapitalwert des ersten Vorhabens durch die Integration der Differenzinvestitionen mit $C_0 = 462,96$ nicht verändert hat, zeigt sich, daß unter den Prämissen des vollkommenen Kapitalmarkts die Angleichung der Zahlungsreihen zum Vorteilhaftigkeitsvergleich mittels Kapitalwertmethode nicht erforderlich ist.

Eine wesentliche Einflußgröße auf die Höhe des Kapitalwerts stellt jedoch der gewählte Kalkulationszinssatz dar:

	Investition 1	Investition 2
t_0	-25.000,00	-30.000,00
t_1	+ 27.500,00	+ 12.000,00
t_2	-	+ 23.000,00
C_0 bei i = 9,6 %	+ 91,24	+ 96,17
C_0 bei i = 9,7 %	+ 68,37	+ 51,30
C_0 bei i = 9,8 %	+ 45,54	+ 6,54
C_0 bei i = 9,9 %	+ 22,75	-38,11

Würde es sich bei dem Investitionsvorhaben 2 um eine Einzelinvestitionsentscheidung handeln, so würde das Vorhaben bei Zugrundelegung eines Zinssatzes von 9,8 % gerade noch positiv, bei 9,9 % negativ beurteilt werden. Für Normalinvestitionen (einer A_0 folgen ausschließlich positive EZÜ) gilt aufgrund der konstant bleibenden EZÜ, daß ein Investitionsvorhaben bei steigendem Kalkulationszinssatz an Attraktivität gegenüber der Kapitalmarktanlage einbüßt.

Das aufgezeigte Beispiel beinhaltet die Besonderheit der wechselnden Vorteilhaftigkeit der Investitionsalternativen in Abhängigkeit des gewählten Zinssatzes. So zeigt sich die Überlegenheit des zweiten Investitionsobjekts bei einem Zins von 9,6 % und die Dominanz des ersten Objekts bei einem Zinssatz von 9,7 %. Der kritische Zins, der den Punkt des Übergangs zur relativen Vorteilhaftigkeit des ersten Vorhabens darstellt, liegt bei 9,62 %.

Die Problematik der wechselnden Vorteilhaftigkeit entfällt bei folgenden Konstellationen der Beschreibungsmerkmale

- Anschaffungsauszahlung
- Nutzungsdauer
- Summe der Nominalrückflüsse
- Zeitliche Struktur der Zahlungsströme:

Anschaffungs-auszahlung	Nutzungs-dauer	Summe der Nominal-rückflüsse	Zeitliche Struktur der Rückflüsse
gleich	gleich	gleich	gleich
gleich	gleich	gleich	ungleich
gleich	gleich	ungleich	gleich
gleich	ungleich	gleich	gleich
gleich	ungleich	gleich	ungleich
ungleich	gleich	gleich	gleich

Da in der Realität der vollkommene Kapitalmarkt nicht existiert und somit der Ansatz eines geeigneten Zinssatzes einer Entscheidung bedarf, sollen diese Ausführungen auch die Bedeutung der Wahl eines adäquaten Zinssatzes aufzeigen.

3.3.2 Methodenerweiterungen

Eine Möglichkeit zur Erweiterung des klassischen Ansatzes der Kapitalwertmethode besteht beispielsweise in der Berücksichtigung einer Kreditfinanzierung und der damit einhergehenden Integration unterschiedlicher

Zinssätze; dies soll anschließend am Beispiel einer endfälligen Tilgung aufgezeigt werden.

Beispiel 3.9: Kapitalwertmethode bei unterschiedlichen Zinssätzen
Folgendes Investitionsobjekt steht zur Beurteilung an:

t_0	t_1	t_2	t_3	t_4
-200.000	80.000	60.000	60.000	50.000

Der Investor verfügt über Anlagemöglichkeiten zu 6 %. Ohne Berücksichtigung einer Finanzierungsvariante weist das Vorhaben einen C_0 von 18.853,33 auf.

Die erforderliche Anschaffungsauszahlung soll zu 1/5 mit einem Zinssatz von 10 % fremdfinanziert werden. Die Tilgung erfolgt zum Zeitpunkt t_4. Die Zahlungsreihe dieser Finanzierungsmaßnahme ist nachstehend abgebildet:

t_0	t_1	t_2	t_3	t_4
+ 40.000	-4.000	-4.000	-4.000	-44.000

Unter Zugrundelegung eines Zinssatzes von 6 % weist die Finanzierungsmaßnahme einen C_0 von -5.544,17 auf. Dieser mindert den ermittelten Kapitalwert des Investitionsvorhabens in der Gesamtbetrachtung auf C_0 = 13.309,16. Die saldierte Zahlungsreihe (-160.000, +76.000, +56.000, +56.000, +6.000) führt zum glcichen Resultat.

Da der Kreditzinssatz im aufgeführten Beispiel höher ist als jener, der die Anlagemöglichkeiten des Investors repräsentiert, steigt der Kapitalwert bei früherer Tilgung.

Eine weitere Variante der Kapitalwertmethode berücksichtigt gewinnabhängige Steuern (gewinnunabhängige Steuern können bei der Ermittlung der EZÜ als Auszahlung miteinbezogen werden). Im Grundmodell wird von folgenden Voraussetzungen ausgegangen:

- Die Steuerzahlung erfolgt am jeweiligen Ende der Periode in der der Gewinn anfiel.
- Der Gewinn vor Steuer einer Periode resultiert aus der Subtraktion der Abschreibung (AfA) von den EZÜ. Die Abschreibung erfolgt linear, die Addition aller Abschreibungsbeträge ergibt die Anschaffungsauszahlung.
- Die Höhe der Steuer verhält sich proportional zum Gewinn.
- Verluste werden für keine Periode erwartet.
- Die Alternativanlage des Investitionsvorhabens unterliegt ebenfalls der Besteuerung.

Der Kapitalwert unter Berücksichtigung von Steuern (C_{0s}) einer Investition läßt sich wie folgt ermitteln (ohne Restwert):

$$C_{0s} = -A_0 + \sum_{t=1}^{n} \frac{EZÜ_t - s(EZÜ_t - AfA_t)}{q_s^t}$$

Der Diskontierfaktor basiert auf einem modifizierten Kalkulationszinssatz i_s, dieser ergibt sich unter Beachtung des pauschalen Steuersatzes s:

$$i_s = (1-s)i$$

Beispiel 3.10: Kapitalwertmethode unter Berücksichtigung von Steuern

Bei einer Anschaffungsauszahlung von 100.000 erwartet ein Investor in den vier Folgeperioden EZÜ von jeweils 40.000. Er verfügt über Alternativanlagen zu 10 %. Es ist von einem Gewinnsteuersatz von 40 % auszugehen.

$i_s = 0,06$	t_0	t_1	t_2	t_3	t_4
EZÜ:	-100.000	40.000	40.000	40.000	40.000
AfA:	-	25.000	25.000	25.000	25.000
EZÜ-AfA:	-	15.000	15.000	15.000	15.000
s(EZÜ-Afa):	-	6.000	6.000	6.000	6.000
EZÜ - s(EZÜ-Afa):	-	34.000	34.000	34.000	34.000
C_{0s} =	17.813,59				

Die Integration gewinnabhängiger Steuern führt zwar zur Reduzierung der in die Berechnung eingehenden Netto-EZÜ (im Beispiel 34.000 statt 40.000), jedoch auch zur Verringerung des Abzinsungsfaktors (1,06 statt 1,1), so daß sich gegenüber der Kapitalwertmethode ohne Steuern, in Abhängigkeit der Struktur der Zahlungsreihe, die absolute/relative Vorteilhaftigkeit ändern kann (Steuerparadoxon).

Komplexere Modelle der Kapitalwertmethode unter Beachtung von Steuern verzichten beispielsweise auf die Annahme eines pauschalen Steuersatzes und enthalten einen differenzierteren und damit praxisrelevanten Besteuerungsmechanismus der die verschiedenen Steuerarten (Gewerbeertrag-, Körperschaft- bzw. Einkommensteuer bis hin zu Substanzsteuern, welche investitionsbedingt variieren) mit ihren zum Teil nicht konstanten Steuersätzen und unterschiedlichen Bemessungsgrundlagen berücksichtigt. Weiterhin ist es möglich, von einer linearen Abschreibung zu anderen Varianten überzugehen oder Ansätze zu entwickeln, welche Hilfestellung bei der Beantwortung der Frage „Kauf oder Leasing" geben können[4].

Die Kritik am Grundkonzept der Kapitalwertmethode entspricht der am Anfang des 3. Kapitels dargelegten allgemeinen Problematik der dynamischen Verfahren. Im Vergleich zu den aufgezeigten Mängeln der statischen Kalküle, erweisen sich die Probleme im Umgang mit der Methode jedoch als deutlich geringfügiger. Bei Akzeptanz eines höheren Rechenaufwands durch die Möglichkeiten zur Ansatzerweiterung (s.o.) oder die an späterer Stelle (5. Kapitel) noch zu erläuternden Varianten zur Berücksichtigung unsicherer Erwartungen stellt die Kapitalwertmethode ein grundsätzlich brauchbares Instrument zur Investitionsbeurteilung dar.

3.4 Annuitätenmethode

Jede Zahlungsreihe mit einem Kapitalwert C_0 kann in eine uniforme Zahlungsreihe mit gleichem C_0 umgewandelt werden. Im Rahmen der Annuitätenmethode erfolgt üblicherweise eine nachschüssige Verrentung des Kapitalwerts:

---

[4] Zur Vertiefung siehe u.a.: Busse von Colbe, W./Laßmann, G., Betriebswirtschaftstheorie, Band 3, 3. Auflage, Berlin, Heidelberg u.a. 1990, S. 65 ff.

$$b = C_0 \times \frac{i \times q^n}{q^n - 1}$$

Beispiel 3.11: Einzelinvestitionsentscheidung per Annuitätenmethode

Für nachstehendes Investitionsvorhaben ist die nachschüssige Annuität bei einem Kalkulationszinssatz von 6 % zu ermitteln (C_0 = 18.853,33).

t_0	t_1	t_2	t_3	t_4
-200.000	80.000	60.000	60.000	50.000

Die Annuität beträgt 5.440,91. Die Zahlungsreihe kann bei gleichem C_0 zu:

t_0	t_1	t_2	t_3	t_4
-	5.440,91	5.440,91	5.440,91	5.440,91

überführt werden.

Die Annuität ist folglich jener (fiktive) Betrag, der dem Investor bei Durchführung der Investition durchschnittlich zu Konsumzwecken zur Verfügung steht.

Das Entscheidungskriterium im Falle einer Einzelinvestition lautet:
Realisiere jedes Vorhaben mit positiver Annuität!

Das Entscheidungskriterium im Falle einer Auswahlentscheidung lautet:
Realisiere das Vorhaben mit der höchsten positiven Annuität!

Da die Annuitäten- und Kapitalwertmethode dem gleichen Modell entstammen und stets zu gleichen Ergebnissen gelangen (dies gilt unter der Voraussetzung gleicher Nutzungsdauer der Objekte auch für die Auswahlentscheidung), wird erstere in der Regel nicht als eigenständiges Investitionskalkül betrachtet.

3.5 Interne Zinsfußmethode

Auch die Interne Zinsfußmethode geht überwiegend von der Modellkonstellation der Kapitalwertmethode aus. Wie in 3.3.1 aufgezeigt, sinkt der Kapitalwert einer (zunächst unterstellten) Normalinvestition mit steigendem Kalkulationszinssatz. Dieser Zusammenhang kann graphisch wie folgt dargestellt werden:

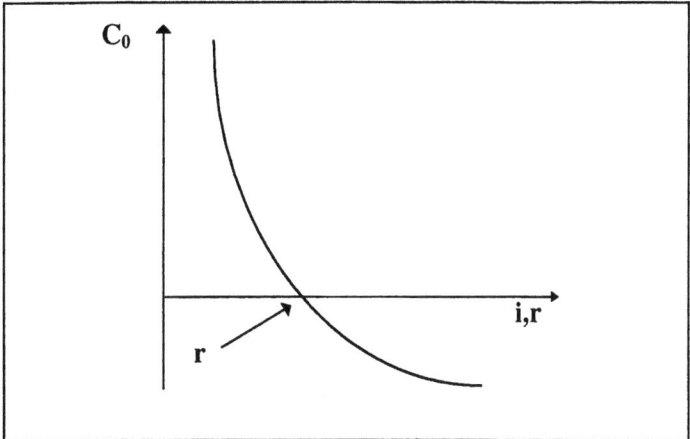

Abbildung 3.7: Kapitalwertfunktion einer Normalinvestition

Der Schnittpunkt der Kapitalwertfunktion mit der Zinsachse stellt den Internen Zins (r) dar, d.h. er ist jener Zinssatz, der, als Kalkulationszinssatz verwandt, einen Kapitalwert von Null erbringt.

$$C_0 = -A_0 + \sum_{t=1}^{n} \frac{EZÜ_t}{(1+r)^t} = 0$$

Folglich repräsentiert der Interne Zins die Verzinsung des im Investitionsvorhaben gebundenen Kapitals. Sofern die Zahlungsreihe lediglich aus zwei Zahlungen besteht, ist die Bestimmung des Internen Zins mittels der in 3.1 vorgestellten Formel zur Ermittlung des Effektivzinssatzes möglich. Im Falle einer Anschaffungsauszahlung und zweier EZÜ zu den Zeitpunkten t_1 und t_2 ist das Auffinden des Internen Zinses über die Lösung einer quadratischen Gleichung realisierbar. Die Gleichung:

$$0 = -A_0 + \frac{EZÜ_1}{1+r} + \frac{EZÜ_2}{(1+r)^2}$$

wird hierbei nach r aufgelöst:

$$r = -1 + \frac{EZÜ_1}{2A_0} \pm \frac{\sqrt{4 A_0 \times EZÜ_2 + EZÜ_1^2}}{2A_0}$$

Für eine Normalinvestition resultieren aus diesem Lösungsansatz ein positiver und ein negativer Zinssatz, letzterer ist jedoch ökonomisch irrelevant.

Beispiel 3.12: Bestimmung des Internen Zinssatzes im Zwei-Perioden-Fall
Für die Zahlungsreihe -5.000, +3.000, +3.500 ist der Interne Zins zu ermitteln.

Mit r_1 = 18,9 % ist der Interne Zins bestimmt, r_2 = -158,9 % wird als Lösung vernachlässigt.

Beim Vorliegen einer endlichen Reihe uniformer EZÜ kann die Ermittlung des Internen Zinses durch eine Kombination von „Kalkulieren und Nachschlagen" erfolgen. Nachstehend eine Aktivitätenabfolge:

1. Die in 3.3 vorgestellte Formel zur Kapitalwertermittlung bei konstanten, nachschüssigen EZÜ wird gleich Null gesetzt.

$$0 = -A_0 + EZÜ \times \frac{(1+r)^n - 1}{r \times (1+r)^n}$$

2. Nach Umstellung ergibt sich:

$$\frac{A_0}{EZÜ} = \frac{(1+r)^n - 1}{r \times (1+r)^n}$$

3. Der Multiplikator der EZÜ in der Ausgangsgleichung ist als sogenannter „Rentenbarwertfaktor" Element konventioneller finanzmathematischer Tabellen. Bei bekanntem n erfolgt nun ein Nachschlagen der

üblicherweise nach dem Zins gegliederten Tabellen bis ein gefundener Rentenbarwertfaktor dem Ergebnis aus A_0/EZÜ möglichst nahe kommt.

Beispiel 3.13: Interner Zinssatzes einer uniformen Zahlungsreihe

Die Zahlungsreihe, bei welcher der Interne Zins gesucht wird, lautet: -260, +100, +100 +100.

Der Rentenbarwertfaktor bei n = 3 und i = 0,07 beträgt 2,62. Gleicher Faktor bei n = 3 und i = 0,08 beläuft sich auf 2,58. Da A_0/EZÜ = 2,6, liegt der gesuchte Zins bei annähernd 7,5 %.

Bei Vorliegen einer unendlichen Reihe gleichhoher nachschüssiger EZÜ vereinfacht sich die Ausgangsgleichung zu:

$$r = \frac{EZÜ}{A_0}.$$

Umfaßt der endliche Betrachtungszeitraum bei nicht-uniformen Zahlungsreihen mehr als 4 Perioden, so erfolgt die Bestimmung des Internen Zinssatzes über ein Näherungsverfahren mit Probier-Zinssätzen. Nach dieser Methode werden zunächst zwei möglichst nahe aneinanderliegende Zinssätze gesucht, die einerseits zu einem positiven, andererseits zu einem negativen Kapitalwert führen. Unter Berücksichtigung der Kapitalwertfunktion (vgl. Abb. 3.7) liegt für eine Normalinvestition damit der gesuchte Interne Zins zwischen diesen beiden Probier-Zinssätzen:

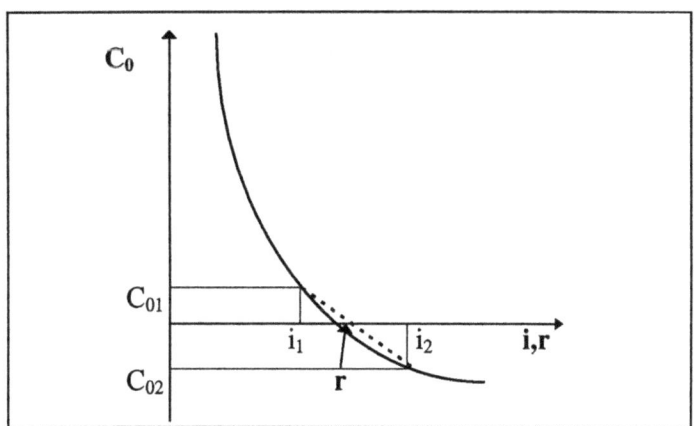

Abbildung 3.8: Graphische Darstellung des Näherungsverfahrens

Zur Ermittlung des Internen Zinssatzes erfolgt anschließend ein Einsetzen der gefundenen Werte in die Gleichung zur linearen Interpolation:

$$r = i_1 - C_{01} \times \frac{i_2 - i_1}{C_{02} - C_{01}}.$$

Streng mathematisch betrachtet, ist die Form der Interpolation aufgrund der nicht-linearen Kapitalwertfunktion nicht zulässig, doch beschert sie (in Abhängigkeit des Abstands der gewählten Probier-Zinssätze und der Entfernung der bestimmten Kapitalwerte von Null) ein in der Regel hinreichend exaktes Resultat.

Beispiel 3.14: Interner Zinssatz bei nicht identischen EZÜ

Für die Zahlungsreihe -200, 50, 60, 70, 50, 40 ist der Interne Zins zu bestimmen.

Der Probier-Zinssatz $i_1 = 0{,}08$ führt zu einem C_0 von 17,28. Der Zins i_2 von 0,12 erbringt einen C_0 von -3,23. Aus der anschließenden Interpolation resultiert ein r von 11,37 % (bei einem „exakten" Internen Zins von 11,327177).

Zahlungsreihen, die nicht stellvertretend für Normalinvestitionen stehen, folglich mehr als einen Vorzeichenwechsel aufweisen, stellen insofern ein Problem dar, als sie mehrere positive (die maximale Anzahl entspricht der Häufigkeit des Vorzeichenwechsels), einen oder keinen Internen Zins (wie im Falle der Zahlungsreihe -1.500, 4.000, -3.750) aufweisen können.

> Das Entscheidungskriterium im Falle einer Einzelinvestition lautet:
> **Realisiere jedes Vorhaben, wenn sein Interner Zins den Kalkulationszinssatz übersteigt!**

Als Kalkulationszinssatz kommt unter der Voraussetzung eines vollkommenen Kapitalmarkts der einheitliche Kapitalmarktzinssatz zum Ansatz. Bei unvollkommenem Markt repräsentiert der Vergleichszinssatz das Anspruchsniveau des Investors.

> Das Entscheidungskriterium im Falle einer Auswahlentscheidung lautet:
> **Realisiere das Vorhaben mit dem höchsten Internen Zins, sofern dieser den Kalkulationszinssatz übersteigt!**

Beispiel 3.15: Auswahlentscheidung per Interner Zinsfußmethode

Die beiden nachstehenden Investitionsobjekte sind mittels Interner Zinsfußmethode auf ihre relative Vorteilhaftigkeit zu untersuchen (i = 0,1):

	t_0	t_1	t_2	t_3
Investition 1	-2.000	1.400	800	400
Investition 2	-2.000	200	500	2.200

Die Investition 1 erweist sich mit r = 0,1817 gegenüber Investition 2 (r = 0,1497) als überlegen.

Der Internen Zinsfußmethode liegt die Annahme zugrunde, daß die freiwerdenden Mittel des Vorhabens zum jeweiligen Internen Zins angelegt werden. Damit ist die Methode inkompatibel hinsichtlich der Prämissen des vollkommenen Marktes und fernab der betrieblichen Realität. So liegt im Falle der Zahlungsreihe -40.000, 22.000, 42.350 (r = 0,34) folgende Vorstellung hinsichtlich der Wiederanlage freiwerdender EZÜ zugrunde:

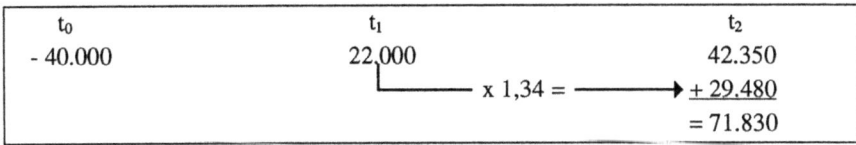

Abbildung 3.9: Wiederanlageprämisse der Internen Zinsfußmethode

Bei einem Kalkulationszinsfuß von 10 % würde jedoch die einjährige Anlage des EZÜ zu folgendem Endwert in t_2 führen:

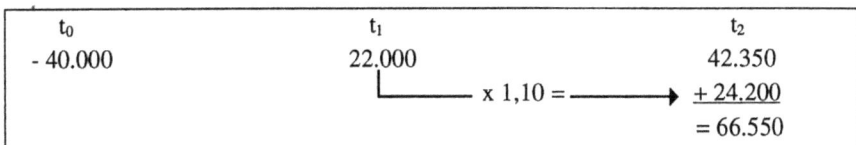

Abbildung 3.10: Modifizierte Wiederanlageprämisse

Unter Verwendung modellkonformer (bzw. realistischer) Reinvestitionsprämissen ergibt sich anstelle von $\sqrt[2]{\frac{71.830}{40.000}} - 1 = 34\ \%$ nun eine Investitionsrendite von $\sqrt[2]{\frac{66.550}{40.000}} - 1 = 29\ \%$.

3.6 Vergleich: Kapitalwert- und Interne Zinsfußmethode

Bei der Beurteilung der relativen Vorteilhaftigkeit von Investitionsvorhaben können die Kapitalwert- und die Interne Zinsfußmethode zu unterschiedlichen Ergebnisse gelangen. Im zuvor dargelegten Beispiel 3.15 ergibt sich unter Verwendung des Kalkulationszinssatzes von 10 % ein Kapitalwert von 234,41 (247,93) für das Investitionsobjekt 1 (2). Damit resultiert im Unterschied zur Anwendung der Internen Zinsfußmethode die relative Vorteilhaftigkeit des zweiten Vorhabens. Zu unterschiedlichen Konsequenzen kann die Verfahrenswahl bei Normalinvestitionen nur im Falle wechselnder Vorteilhaftigkeit der Alternativen nach dem Kapitalwertkriterium (siehe 3.3.1) führen, sofern der Kalkulationszinssatz kleiner ist als der kritische Zins.

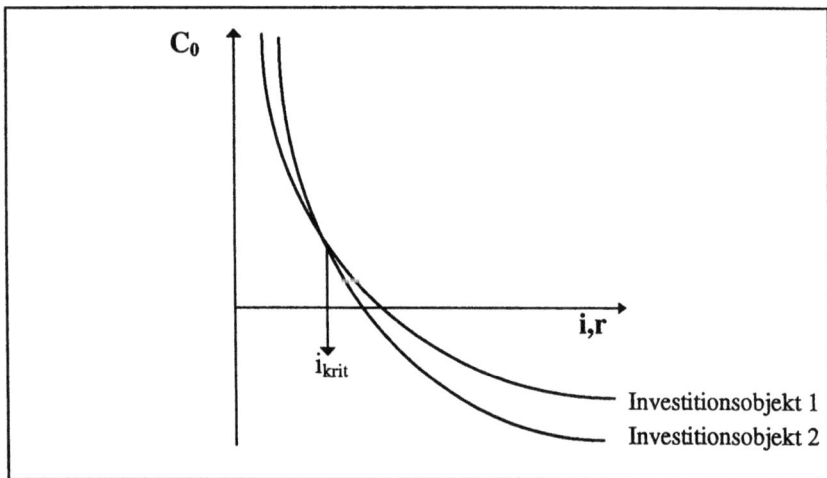

Abbildung 3.11: Sich schneidene Kapitalwertfunktionen

Im Bereich links des kritischen Zinssatzes (alle $i < i_{krit}$) ist der Kapitalwert des zweiten Investitionsobjektes höher als der des ersten. In diesem Bereich führen die Investitionskalküle zu unterschiedlichen Vorteilhaftigkeitsaussagen, da der Interne Zins des ersten Vorhabens grundsätzlich höher ist als der des zweiten. Im Bereich rechts des kritischen Zinssatzes (alle i > i_{krit}) dominiert die 1. Alternative nach beiden Beurteilungsmethoden.

Trotz der einfacheren Interpretierbarkeit des Internen Zinssatzes gegenüber dem Kapitalwert sollte im Falle unterschiedlicher Kalkülresultate die Kapitalwertmethode präferiert werden. Der Grund hierfür liegt in ihrer modellkonformen und zugleich realistischeren Annahme der Wiederanlage freiwerdender Mittel zum Kalkulationszinssatz.

3.7 Bestimmung der optimalen Nutzungsdauer und des optimalen Ersatzzeitpunktes

In den bisherigen Ausführungen wurde davon ausgegangen, daß die Nutzungsdauer eines Investitionsobjekts bekannt ist. In vielen Fällen stellt dieser Zeitraum jedoch kein Datum, sondern ein Entscheidungsproblem dar, welches sich sowohl vor der Durchführung eines Vorhabens als auch während der Dauer der Verwendung eines Investitionsobjektes ergibt.

Der Nutzungszeitraum kann durch rechtliche, technische und/oder wirtschaftliche Aspekte begrenzt sein, nachfolgend werden ausschließlich letztere berücksichtigt. **Die optimale Nutzungsdauer beschreibt damit jenen Zeitraum, in dem es aus ökonomischen Gründen sinnvoll ist, das Investitionsobjekt zu nutzen.** Dieser Zeitraum kann kleiner oder gleich der rechtlich- bzw. technisch-maximalen Nutzungsdauer sein.

Im Unterschied zum Problem der optimalen Nutzungsdauer, bei welchem keine Berücksichtigung eines Nachfolgeobjektes erfolgt, wird bei der Frage nach dem wirtschaftlich optimalen Ersatzzeitpunkt vom Sachverhalt einmaliger oder vom Grenzfall unendlicher Wiederholung des Vorhabens ausgegangen, wobei jeweils identische Nachfolgeinvestitionen betrachtet werden. Unabhängig von der Art der Fragestellung basieren alle Lösungsansätze auf dem Kapitalwertkalkül.

a) Bestimmung der optimalen Nutzungsdauer

Die Entscheidung über die optimale Nutzungsdauer kann durch die Ermittlung aller Kapitalwerte über die Perioden der technisch- oder rechtlich-maximalen Nutzungsdauer erfolgen.

> Das Entscheidungskriterium lautet:
> **Jene Nutzungsdauer ist optimal, bei der der Kapitalwert des Investitionsvorhabens maximal ist.**

Eine wesentliche Bedeutung bei der Bestimmung der optimalen Nutzungsdauer kommt der Festlegung der an den Periodenenden erzielbaren Restwerte (R_n) zu. Hiermit sind jeweils die alternativen Verkaufserlöse angesprochen, die aufgrund des Nutzungsendes des Objekts durch seine Marktverwertung erzielt werden. Die erzielbaren Restwerte entsprechen in der Regel nicht den häufig marktunabhängigen Restbuchwerten des Investitionsobjekts.

Für jede alternative Nutzungsdauer erfolgt die Ermittlung eines nutzungsdauerspezifischen Kapitalwertes ($C_{0(n)}$) nach der Formel:

$$C_{0(n)} = -A_0 + \sum_{t=1}^{n} \frac{EZÜ_t}{q^t} + \frac{R_n}{q^n}$$

Die optimale Nutzungsdauer liegt in der Periode, in der der nutzungsdauerspezifische Kapitalwert sein Maximum erreicht.

Beispiel 3.16: Bestimmung der optimalen Nutzungsdauer

Bei einem Investitionsvorhaben werden im Verlaufe seiner technisch-maximalen Nutzungsdauer die nachstehenden Einzahlungsüberschüsse und Restwerte erwartet (i = 10 %).

	t_0	t_1	t_2	t_3	t_4
EZÜ	-2.000	1.000,00	900,00	530,00	424,00
R_n		1.500,00	1.000,00	600,00	200,00
$C_{0(n)}$		272,73	479,34	501,88	477,29

⟦   Die optimale Nutzungsdauer beträgt 3 Perioden.

Eine zweite Variante zur Bestimmung der optimalen Nutzungsdauer besteht über den Weg der Ermittlung von Grenzeinzahlungsüberschüssen (EZÜ'). Diese repräsentieren jeweils die Folgen einer Verlängerung der Nutzungsdauer um eine Periode:

- ein weiterer (ggf. positiver) Einzahlungsüberschuß,
- ein veränderter (i.d.R. geringerer) Restwerterlös und
- die einperiodige Kapitalmarktanlage des zuletzt erzielbaren Restwerterlöses.

Die Grenzeinzahlungsüberschüsse pro Periode ergeben sich über den folgenden Ansatz:

$$EZÜ'_n = EZÜ_n + R_n - q \times R_{n-1}$$

Die weitere Nutzung des Investitionsobjektes um eine Periode ist solange ökonomisch sinnvoll, wie der Grenzeinzahlungsüberschuß der Periode positiv ist. Im Falle des Beispiels 3.16 beträgt der Grenzeinzahlungsüberschuß der 3. (4.) Periode 30 (-36).

Die zuletzt aufgezeigte Variante zur Bestimmung der optimalen Nutzungsdauer basiert gleichfalls auf der Kapitalwertmethode. Der Barwert eines Grenzeinzahlungsüberschusses einer Periode ($-36/1,1^4 = -24,59$) entspricht der Differenz zwischen dem Kapitalwert dieser Periode und jenem der Vorperiode (477,29 - 501,88 = -24,59). Jeder positive (negative) Grenzeinzahlungsüberschuß stellt folglich eine Kapitalwertmehrung (-minderung) dar. Unter der Voraussetzung, daß die Grenzeinzahlungsüberschüsse monoton sinken, führen beide Rechenverfahren zum gleichen Resultat.

b) Bestimmung des optimalen Ersatzzeitpunktes bei einmaliger identischer Wiederholung

Im Unterschied zu den vorangegangenen Ausführungen soll nun von der Situation einer geplanten Wiederholung des Investitionsvorhabens ausgegangen werden. Die Analyse bezieht sich damit auf eine zweigliedrige Investitionskette, bestehend aus einem ersten Investitionsobjekt A (Grundinvestition) und einer wirtschaftlich gleichen Folgeinvestition B, welche sich unmittelbar anschließt. Gesucht ist der optimale Ersatzzeitpunkt, zu dem der Austausch der Objekte stattfinden soll. Die Bestimmung der optimalen Nutzungsdauer der Folgeinvestition B erfolgt analog den Verfahren die zuvor dargestellt wurden, da sich an die Investition B in der Investitionskette keine weitere Investition anschließt.

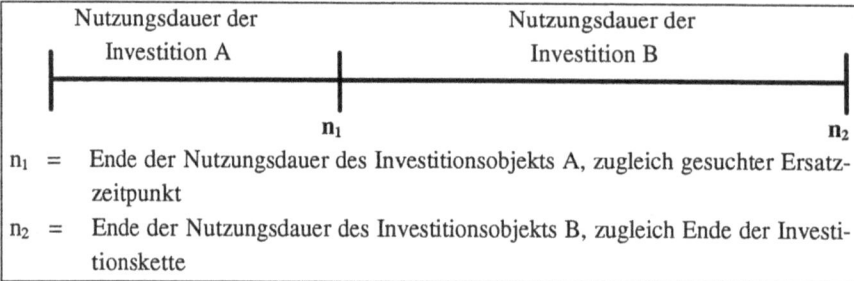

n_1 = Ende der Nutzungsdauer des Investitionsobjekts A, zugleich gesuchter Ersatzzeitpunkt

n_2 = Ende der Nutzungsdauer des Investitionsobjekts B, zugleich Ende der Investitionskette

Abbildung 3.12: Zweigliedrige Investitionskette

Der Kapitalwert der zweigliedrigen Investitionskette (C_{0K}) resultiert aus der Addition des Kapitalwerts der Investition A (C_{0A}) und des Kapitalwertmaximums der Investition B (C_{0B}), welches jedoch nur in Höhe ihres Barwerts berücksichtigt wird:

$$C_{0K} = C_{0A} + \frac{C_{0B}}{q^{n_1}}$$

Das Entscheidungskriterium lautet:
Jener Ersatzzeitpunkt ist optimal, bei dem der Kapitalwert der Investitionskette maximal ist.

Für das Beispiel 3.16 ergeben sich folgende Kapitalwerte der Investitionskette:

	t_1	t_2	t_3	t_4
C_{0B}	501,88	501,88	501,88	501,88
C_{0B}/q^{n_1}	456,25	414,78	377,07	342,79
C_{0A}	272,73	479,34	501,88	477,29
C_{0K}	728,98	894,11	878,95	820,08

> Der optimale Ersatzzeitpunkt liegt am Ende der zweiten Periode, damit erstreckt sich die Investitionskette über eine Gesamtlaufzeit von 5 Perioden und erbringt einen Kapitalwert von 894,11.

Die optimale Nutzungsdauer ist im aufgeführten Beispiel um eine Periode länger als der Zeitraum bis zum optimalen Ersatzzeitpunkt. Die Ursache hierfür wird deutlich beim Übergang der Betrachtung zu den vorliegenden Grenzeinzahlungsüberschüssen. Fehlt dem Investor bei Nutzung einer Anlage die Möglichkeit einer Folgeinvestition im angesprochenen Sinne, so beendet er diese bei zukünftig zu erwartenden negativen Grenzeinzahlungsüberschüssen. Verfügt er jedoch über die Möglichkeit einer Folgeinvestition, so nutzt er die Grundinvestition nur solange, wie ihre Grenzeinzahlungsüberschüsse nicht geringer sind als die einperiodige Verzinsung des maximalen Kapitalwerts der Folgeanlage. In der 3. Periode der Investition A würde sich ein Grenzeinzahlungsüberschuß von 30 ergeben, die Verzinsung des maximalen Kapitalwerts der Folgeinvestition zu 10 % erbringt dem gegenüber einen Wert von 50,19.

Grundsätzlich gilt, daß im Falle einer endlichen Investitionskette wirtschaftlich gleicher Objekte die optimale Nutzungsdauer der einzelnen Anlagen mit steigender Anzahl von Folgeinvestitionsobjekten tendenziell abnimmt (General Law of Replacement).

c) Bestimmung des optimalen Ersatzzeitpunktes bei unendlicher identischer Wiederholung

Im Grenzfall einer unendlich identischen Wiederholung weist jedes einzelne Investitionsvorhaben unendlich viele Folgeinvestitionen auf, daher ist die optimale Nutzungsdauer aller Anlagen gleich. Das Entscheidungskriterium entspricht jenem bei einmaliger identischer Wiederholung. Zur Bestimmung des Kapitalwerts einer unendlichen Investitionskette erfolgt ein Rückgriff auf die Regeln der Renten- oder Annuitätenrechnung. Demzufolge bestimmt sich der Kapitalwert einer unendlichen Rente (b) nach folgendem Ansatz:

$$C_0 = \frac{b}{i}$$

So entspricht bei Kapitalanlagemöglichkeiten zu 6 % ein heutiges Vermögen von DM 100.000,- einer unendlichen, nachschüssig gezahlten Rente von jährlich DM 6.000,-.

Die Maximierung des Kapitalwerts der unendlichen Investitionskette folgt der Maximierung der Annuität des Kapitalwerts eines jeden einzelnen Investitionsobjekts. In einem ersten Schritt ist daher die höchste nutzungsdauerabhängige Annuität (b^*) des einzelnen Investitionsvorhabens zu bestimmen:

$$b^* = C_{0(n)} \times \frac{i \times q^n}{q^n - 1}$$

In einem zweiten Schritt kann der Kapitalwert der Kette nach:

$$C_{0K} = \frac{b^*}{i}$$

ermittelt werden.

Für das Beispiel 3.16 ergeben sich folgende nutzungsdauerabhängige Annuitäten:

	t_1	t_2	t_3	t_4
$C_{0(n)}$	272,73	479,34	501,88	477,29
b^*	300,00	276,19	201,81	150,57

Der optimale Ersatzzeitpunkt befindet sich am Ende der ersten Periode. Die hieraus resultierende Investitionskette weist, bei einem zugrundegelegten Zinssatz von 10 %, einen Kapitalwert von 3.000 auf.

Einer ersten Anschaffungsauszahlung von 2.000 folgt zum Periodenende eine Einzahlung (inklusive des Restwerterlöses) von 2.500 und die erneute Anschaffungsauszahlung. Somit ergibt sich bei unendlicher Wiederholung die Zahlungsreihe -2.000, 500, 500, 500, ..., 500. Der heutige Wert dieser Zahlungsreihe oder einer ewigen, nachschüssigen Rente von 300 beträgt 3.000.

3.8 Dynamische Endwertverfahren

Im Unterschied zu den bislang dargestellten dynamischen Investitionskalkülen werden im Rahmen der dynamischen Endwertverfahren bereits in der Grundkonzeption die zum Teil wenig realitätsnahen Prämissen des vollkommenen Kapitalmarkts aufgegeben, insbesondere werden unterschiedliche Zinssätze für die Kapitalaufnahme und -anlage integriert.

Anstelle einer Abzinsung aller erwarteten Ein- und Auszahlungen auf den Beginn des Planungszeitraums erfolgt eine Aufzinsung zum Ende des Betrachtungszeitraums. Als Endwertverfahren werden die Vermögensendwertmethode und die Sollzinssatzmethode vorgestellt. Aus der Gruppe der aufzinsenden Verfahren entspricht ersterer die Kapitalwertmethode, letzterer die Interne Zinsfußmethode.

3.8.1 Vermögensendwertmethode

Der Vermögensendwert, auch Final- oder Kapitalendwert, ergibt sich durch die Aufzinsung aller mit dem Investitionsobjekt verbundenen Zahlungen auf das Ende des Planungszeitraums. Neben einem Sollzinssatz (i_s) zur Mittelaufnahme existiert ein niedrigerer Habenzinssatz (i_h) zur Anlage eingehender Einzahlungsüberschüsse. Ein positiver (negativer) Endwert zeigt damit eine über (unter) dem Sollzinssatz liegende Investitionsrendite auf.

> Das Entscheidungskritcrium im Falle einer Einzelinvestition lautet:
> **Realisiere jedes Vorhaben mit positivem Vermögensendwert!**

> Das Entscheidungskriterium im Falle einer Auswahlentscheidung lautet:
> **Realisiere das Vorhaben mit dem höchsten positiven Vermögensendwert!**

Bei Annahme eines Kontenausgleichsverbots wird neben einem positiven Vermögenskonto zur Verwaltung künftig eingehender, positiver Einzahlungsüberschüsse (EZÜ$^+$), ein negatives Vermögenskonto zur Verwaltung der negativen Einzahlungsüberschüsse (EZÜ$^-$) geführt. Die Einzahlungen auf dem positiven (negativen) Vermögenskonto werden bis zum Abschluß des Investitionsvorhabens mit dem Zinssatz i_h (i_s) verzinst. Die jeweiligen Kontenstände am Ende des Betrachtungszeitraums (C_n^+ und C_n^-) werden zum Vermögensendwert (C_n) saldiert:

$$C_n = C_n^+ + C_n^-$$

$$C_n^+ = \sum_{t=1}^{n} EZ\ddot{U}_t^+ \times (1+i_h)^{n-t}$$

$$C_n^- = \sum_{t=0}^{n} EZ\ddot{U}_t^- \times (1+i_s)^{n-t}$$

Beispiel 3.17: Vermögensendwert bei Kontenausgleichsverbot

Für die Zahlungsreihe -140.000, 60.000, 50.000, 45.000, 30.000, 5.000 ist bei einem Sollzinssatz von 8 % und einem Habenzinssatz von 5 % der Vermögensendwert unter der Annahme des Kontenausgleichsverbots zu ermitteln.

	$EZ\ddot{U}_t$	C_t^+	C_t^-	C_n
t_0	-140.000,00		-140.000,00	
t_1	60.000,00	60.000,00	-151.200,00	
t_2	50.000,00	113.000,00	-163.296,00	
t_3	45.000,00	163.650,00	-176.359,68	
t_4	30.000,00	201.832,50	-190.468,45	
t_5	5.000,00	216.924,13	-205.705,93	11.218,20

Das Investitionsvorhaben ist aufgrund des positiven Vermögensendwerts durchzuführen.

Im Falle eines Kontenausgleichsgebots werden positive Einzahlungsüberschüsse zunächst vollständig zur Tilgung verwandt, zugleich werden negative Nettoeinzahlungen über vorhandenes Vermögen finanziert. Die sofortige Verrechnung erfordert keine doppelte Kontenführung, sofern zum Periodenende ein positives Vermögen vorhanden ist, erfolgt die Verzinsung mit dem Habenzinssatz, bei negativem Vermögen ist der Sollzinssatz zu verwenden.

Der jeweilige Kontenstand zum Periodenende (C_t) errechnet sich wie folgt:

$$C_t = EZÜ_t + C_{t-1} \times (1+i)$$

mit $i = i_h$, falls $C_{t-1} > 0$
und $i = i_s$, falls $C_{t-1} < 0$

Bezogen auf das Beispiel 3.17 ergeben sich unter Anwendung des Kontenausgleichsgebots die nachstehend aufgeführten Kontenstände:

	$EZÜ_t$	C_{t-1}	i	C_t	C_n
t_0	-140.000,00			-140.000,00	
t_1	60.000,00	-140.000,00	0,08	-91.200,00	
t_2	50.000,00	-91.200,00	0,08	-48.496,00	
t_3	45.000,00	-48.496,00	0,08	-7.375,68	
t_4	30.000,00	-7.375,68	0,08	22.034,27	
t_5	5.000,00	22.034,27	0,05	28.135,98	28.135,98

Die Annahme des Kontenausgleichs erbringt damit einen um 16.917,78 höheren Vermögensendwert.

Die beiden vorgestellten Verrechnungsmethoden können sowohl bei der Beurteilung der absoluten als auch der relativen Vorteilhaftigkeit eines Investitionsobjekts zu unterschiedlichen Resultaten führen.

In Vorbereitung einer Auswahlentscheidung ist zudem darauf zu achten, daß eine Vergleichbarkeit nur dann gegeben ist, wenn sich die jeweiligen Vermögensendwerte auf den gleichen Zeitpunkt beziehen. Gegebenenfalls sind gleiche Laufzeiten durch Ergänzungsinvestitionen herzustellen. Allerdings wirkt dies, bei Gültigkeit des Kontenausgleichsverbots, im Falle von Finanzinvestitionen endwertreduzierend (aufgrund der in der Regel höheren Sollzinsen).

Eine Erweiterung der Vermögensendwertmethode unter Berücksichtigung der konkreten Finanzierungsform, auch unter Einbindung mehrerer Kreditarten mit unterschiedlichen Zins- und Tilgungsmodalitäten, stellt die VOFI-Methode dar[5].

---

[5] Eine ausführliche Darstellung findet sich in: Götze, U./Bloech, J., Investitionsrechnung, 2. Auflage, Berlin, Heidelberg u.a. 1995, S. 114 ff.

Welchen Vorteil erbringt die Endwertmethode gegenüber dem Grundkonzept der Kapitalwertmethode? Beide Verfahren setzen vollkommene Voraussicht der mit dem isolierbaren Investitionsvorhaben verbundenen Ein- und Auszahlungen voraus. Unterschiede bestehen zum einen in der Annahme eines einheitlichen Kalkulationszinsfußes der Kapitalwertmethode und zum anderen in der Kenntnis der Art der Tilgung und der Höhe von Soll- und Habenzinssatz der Vermögensendwertmethode. Da nach beiden Methoden eine entsprechende Anpassung an reale Planungsgegebenheiten möglich ist, sind sie durchaus als gleichwertig zu betrachten. Bei nur geringen Unterschieden zwischen Soll- und Habenzinssatz sollte das Barwert-, bei größeren Diskrepanzen das Endwertverfahren zum Einsatz gelangen.

3.8.2 Sollzinssatzmethode

Im Rahmen der Sollzinssatzmethode wird bei gegebenem Habenzinssatz der kritische Sollzinssatz (i_s^{krit}) gesucht, der zu einem Vermögensendwert von Null führt. Damit kann der kritische Sollzinssatz als kritischer Kapital-Beschaffungszinssatz interpretiert werden. Zur Beurteilung der Vorteilhaftigkeit eines Investitionsvorhabens wird der kritische Zins anschließend mit einem gegebenen Sollzinssatz verglichen.

Das Entscheidungskriterium im Falle einer Einzelinvestition lautet:
Realisiere jedes Vorhaben, wenn sein kritischer Sollzinssatz den gegebenen Sollzinssatz übersteigt!

Das Entscheidungskriterium im Falle einer Auswahlentscheidung lautet:
Realisiere das Vorhaben mit dem höchsten kritischen Sollzinssatz, sofern dieser den gegebenen Sollzinssatz übersteigt!

Die Wege zur Bestimmung dieses kritischen Zinssatzes sind vergleichbar mit den vorgestellten Verfahren zur Ermittlung des Internen Zinsfußes. Im Falle des Kontenausgleichsverbots erfolgt zunächst die Kalkulation des Endwerts auf dem positiven Vermögenskonto. Sodann ist mittels Probier-Sollzinssätzen und anschließender Interpolation jener Sollzinssatz zu bestimmen, der zum gleichem Kontenstand mit negativem Vorzeichen auf dem negativen Vermögenskonto führt.

$$0 = C_n^+ + C_n^-$$

$$\sum_{t=1}^{n} EZ\ddot{U}_t^+ \times (1+i_h)^{n-t} = -\sum_{t=0}^{n} EZ\ddot{U}_t^- \times (1+i_s^{krit})^{n-t}$$

Das iterative Verfahren kann für den Fall eines einzelnen negativen Einzahlungsüberschusses zum Zeitpunkt t_0 durch den in 3.1 vorgestellten Ansatz zur Bestimmung des Effektivzinssatzes ersetzt werden:

$$i_s^{krit} = \sqrt[n]{\frac{C_n^+}{-C_0^-}} - 1$$

Für das Beispiel 3.17 ergibt sich bei Annahme des Kontenausgleichsverbots ein kritischer Sollzinssatz von 9,15 %. Da der gegebene Sollzinssatz 8 % beträgt, wird das Vorhaben positiv beurteilt.

Sofern von einem Kontenausgleichsgebot ausgegangen wird, ist der kritische Sollzinssatz gleichfalls über den Weg der Probierzinssätze bei anschließender Interpolation zu bestimmen. Gesucht sind zunächst zwei möglichst nahe aneinanderliegende Zinssätze (i_{s1} und i_{s2}), die zu einem positiven und einem negativen Vermögensendwert (C_{n1} und C_{n2}) führen. Danach erfolgt das Einsetzen in den aus 3.5 bekannten Ansatz:

$$i_s^{krit} = i_{s1} - C_{n1} \times \frac{i_{s2} - i_{s1}}{C_{n2} - C_{n1}}$$

Beispiel 3.18: Kritischer Sollzinssatz im Falle eines Kontenausgleichsgebots
Ein Investor erwartet nach einer Anschaffungsauszahlung von 81.000 zum Ende der Folgeperioden Einzahlungsüberschüsse von 48.000, 37.500, 12.000, die er sofort in vollem Umfang zur Tilgung einsetzen wird. Er geht in seiner Kalkulation von einem Habenzinssatz von 6 % und einem Sollzinssatz von 12 % aus.

Probierzinssatz 11 %:

	$EZÜ_t$	C_{t-1}	i	C_t	C_n
t_0	-81.000,00			-81.000,00	
t_1	48.000,00	-81.000,00	0,11	-41.910,00	
t_2	37.500,00	-41.910,00	0,11	-9.020,10	
t_3	12.000,00	-9.020,10	0,11	1.987,69	1.987,69

Probierzinssatz 13 %:

	$EZÜ_t$	C_{t-1}	i	C_t	C_n
t_0	-81.000,00			-81.000,00	
t_1	48.000,00	-91.530,00	0,13	-43.530,00	
t_2	37.500,00	-43.530,00	0,13	-11.688,90	
t_3	12.000,00	-11.688,90	0,13	-1.208,46	-1.208,46

Damit liegt der gesuchte kritische Sollzinssatz zwischen 11 und 13 %. Die Interpolation erbringt das Ergebnis von 12,24 %. Der kritische Sollzinssatz liegt über dem gegebenen, das Vorhaben ist zu realisieren.

Der kritische Sollzinssatz bei Geltung des Ausgleichsgebots entspricht dem Internen Zinssatz der Zahlungsreihe. Dies ist einleuchtend, da bei der Existenz von nur einem Zinssatz (Habenzinssätze bleiben unberücksichtigt) ersterer zu einem Endwert von Null und letzterer zu einem Kapitalwert von Null führt.

3.9 Zusammenfassung der Entscheidungskriterien und Kritik

Entscheidungskriterien der **dynam.Amortisationsvergleichsrechnung:**
Realisiere jedes Vorhaben, welches die fixierte, maximal zulässige Amortisationszeit nicht übersteigt (Einzelinvestition)!
Realisiere das Vorhaben mit der kürzesten Amortisationszeit, sofern diese die maximal zulässige nicht übersteigt (Auswahlentscheidung)!
Wesentliche Kritik:
- Kein Rendite-, sondern Risikomaß (Vernachlässigung der Rückflüsse nach dem Amortisationszeitpunkt), damit ungeeignet als alleiniger Beurteilungsmaßstab.
- Allgemeine Problematik dynamischer Barwertverfahren: Das zugrundeliegende theoretische Konstrukt des vollkommenen Kapitalmarkts führt im Rahmen des Grundkonzepts der Methode zur realitätsfernen Verrechnung eines einzigen Zinssatzes zur Geldanlage und -aufnahme. Darüber hinaus wird von sicheren Erwartungen hinsichtlich der zukünftigen monetären Konsequenzen der Investitionsentscheidung ausgegangen. Anpassungen an die Realität sind grundsätzlich möglich, führen jedoch zu erhöhtem zeitlichen Aufwand für die Entscheidungsfindung.

Entscheidungskriterien der **Kapitalwertmethode:**
Realisiere jedes Vorhaben mit positivem Kapitalwert (Einzelinvestition)!
Realisiere das Vorhaben mit dem höchsten positiven Kapitalwert (Auswahlentscheidung)!
Wesentliche Kritik:
- Allgemeine Problematik dynamischer Barwertverfahren (s.o.).

Entscheidungskriterien der **Annuitätenmethode:**
Realisiere jedes Vorhaben mit positiver Annuität (Einzelinvestition)!
Realisiere das Vorhaben mit der höchsten positiven Annuität (Auswahlentscheidung)!
Wesentliche Kritik:
- Allgemeine Problematik dynamischer Barwertverfahren (s.o.);
- kein selbständiges Vorteilhaftigkeitskriterium.

Entscheidungskriterien der **Internen Zinsfußmethode:**
Realisiere jedes Vorhaben, wenn sein Interner Zins den Kalkulationszinssatz übersteigt (Einzelinvestition)!
Realisiere das Vorhaben mit dem höchsten Internen Zins, sofern dieser den Kalkulationszinssatz übersteigt (Auswahlentscheidung)!
Wesentliche Kritik:
- Allgemeine Problematik dynamischer Barwertverfahren (s.o.) und dem zusätzlichen Manko der Wiederanlageprämisse freiwerdender Mittel zum Internen Zins.
- Unter Umständen resultieren mehrere positive Zinssätze, wenn die Zahlungsreihe nicht einer Normalinvestition entspricht.

Entscheidungskriterien der **dynamischen Endwertverfahren:**
Realisiere jedes Vorhaben mit positivem Vermögensendwert (Einzelinvestition)!
Realisiere das Vorhaben mit dem höchsten positiven Vermögensendwert (Auswahlentscheidung)!
Realisiere jedes Vorhaben, wenn sein kritischer Sollzinssatz den gegebenen Sollzinssatz übersteigt (Einzelinvestition)!
Realisiere das Vorhaben mit dem höchsten kritischen Sollzinssatz, sofern dieser den gegebenen Sollzinssatz übersteigt (Auswahlentscheidung)!
Wesentliche Kritik:
- Sichere Erwartungen bezüglich der zukünftigen monetären Konsequenzen der Investitionsentscheidung inklusive der zukünftig relevanten Zinssätze und Tilgungsmodalitäten.

Übungsaufgaben zum 3. Kapitel

Aufgabe 3.1
Die Anlage eines Geldbetrags vor 12 Jahren zu 5 % erbrachte ein heutiges Guthaben von DM 120.000.

a) Wie hoch war das Anfangskapital?

b) Welche jährlich nachschüssig geleistete Sparrate über 12 Jahre hätte den gleichen Endwert erbracht?

c) Welche jährlich vorschüssig geleistete Sparrate über 12 Jahre hätte den gleichen Endwert erbracht?

d) Bei welchem Zinssatz hätte das Anfangskapital aus a) nach 12jähriger Anlage ein Endkapital von DM 135.000,- erbracht?

e) Wie hoch wäre, unter Zugrundelegung des Anfangskapitals aus a), der Endwert unter der Voraussetzung gewesen, daß in den ersten 6 Jahren ein Zinssatz von 4 % und während der Restlaufzeit ein Zinssatz von 6 % gewährt worden wäre?

Aufgabe 3.2
Ein treusorgender Familienvater rechnet damit, daß seine Tochter in genau 8 Jahren heiraten wird. An ihrem Hochzeitstag möchte er ihr einen Betrag von DM 50.000,- übergeben. Welchen gleich hohen jährlichen Betrag müßte er ab sofort nachschüssig anlegen, wenn er von einem Zinssatz von 6 % über die gesamte Laufzeit ausgeht?

Aufgabe 3.3
Wieviel Zinsen erbringt eine Kapitalanlage von DM 5.000,- über eine Laufzeit von 10 Jahren, wenn in den ersten 5 Jahren ein Zinssatz von 6 % und in den folgenden 5 Jahren ein Zinssatz von 7 % gewährt wird?

Aufgabe 3.4
Ein Anfangskapital von $ 500,- ist in 22 Jahren auf $ 1.000,- angewachsen. Die Verzinsung in den ersten 12 Jahren betrug 3 %.

a) Wie hoch war der gewährte Zinssatz in den letzten 10 Jahren?

b) Wie hoch war der über die gesamte Laufzeit von 22 Jahren gewährte durchschnittliche Zinssatz?

Aufgabe 3.5
Bestimmen Sie mittels dynamischer Amortisationsvergleichsrechnung die Periode der Kapitalwiedergewinnung für das folgende Investitionsvorhaben:

Anschaffungsauszahlung: DM 200.000
Konstante Einzahlungen/Periode: DM 60.000
Konstante Auszahlungen/Periode: DM 20.000
Kalkulationszinsfuß: 10 %
Technisch-maximal Nutzungsdauer: 10 Jahre

Erwartete Restwerterlöse:

Periode	1	2	3	4	5	6	7	8	9	10
Restwerte in TDM	140	130	120	100	80	70	50	30	20	10

Aufgabe 3.6
Für ein Investitionsvorhaben wird folgende Zahlungsreihe prognostiziert:

t_0	t_1	t_2	t_3	t_4
-5.000	1.500	2.000	2.000	600

a) Ermitteln Sie den Kapitalwert bei einem Zinssatz von 8 %.

b) Ermitteln Sie den Kapitalwert bei einem Zinssatz von 10 %.

Aufgabe 3.7

Ein Grundstück kann für 25 Jahre von einem Kaufmann für DM 10.000,- pro Jahr gepachtet werden. Er plant dieses Grundstück für die gesamte Dauer an Schausteller zu vermieten und rechnet mit jährlichen Mieteinnahmen von DM 30.000,-. Voraussetzung zur Vermietung wäre die Errichtung zahlreicher kleinerer Gebäude und Sanitäranlagen. Hierfür rechnet der Investor mit einer einmaligen, sofortigen Auszahlung von DM 160.000,-. Ermitteln Sie die Vorteilhaftigkeit dieses Investitionsvorhabens unter Zuhilfenahme der Kapitalwertmethode (i = 7 %).

a) Gehen Sie davon aus, daß alle periodischen Zahlungen nachschüssig, erstmalig am Ende des 1. Jahres erfolgen.

b) Gehen Sie davon aus, daß die periodischen Einzahlungen erstmalig am Ende des 3. Jahres erfolgen und für das 6. Jahr, aufgrund der Festlichkeiten zum 500jährigen Bestehen der Gemeinde zwar mit der Pachtzahlung, jedoch mit keinerlei Einzahlungen gerechnet wird.

Aufgabe 3.8

Ein Investitionsvorhaben würde bei Realisierung zu einer Anschaffungsauszahlung von DM 80.000,- führen. Die jährlich erwarteten Einzahlungsüberschüsse belaufen sich auf DM 7.000,-. Der Investor kalkuliert mit einem Zinssatz von 10 %. Ermitteln Sie den Kapitalwert unter der Voraussetzung einer unbekannten Nutzungsdauer.

Aufgabe 3.9

Einem Investor bieten sich die beiden nachstehend dargestellten Investitionsalternativen.

	t_0	t_1	t_2	t_3
Investition 1	-100.000	67.000	48.000	-
Investition 2	-120.000	60.000	45.000	36.000

a) Ermitteln Sie die relative Vorteilhaftigkeit der Alternativen unter Verwendung der Kapitalwertmethode. Gehen Sie hierbei zunächst von einem Kalkulationszinssatz von 7 % und anschließend von 8 % aus.

b) Zeigen Sie mittels Differenzeninvestitionen auf, daß es sich trotz unterschiedlicher Struktur der Zahlungsreihen um einen zulässigen Vorteilhaftigkeitsvergleich handelt (i = 8 %).

Aufgabe 3.10

Die Ißfrisch OHG in der Gemeinde Schabbach versorgt derzeit ihre Kunden in der 90 km entfernten Großstadt durch zweimalige wöchentliche Belieferung. Hierfür fallen Auszahlungen von DM 1,60/km bei einer durchschnittlichen Tourenstrecke pro Belieferung von 300 km an. Außerdem entstehen pro Lieferfahrt (mit jeweils 2-tägiger Dauer) durch die wirtschaftlich zweckmäßige Übernachtung des Fahrers DM 100,- Hotelkosten/Verpflegung (dies sind gleichfalls in voller Höhe Auszahlungen). Die Belieferung erfolgt 50 Wochen im Jahr.

Alternativ bietet sich nun für die Ißfrisch die Errichtung einer Niederlassung in der Großstadt an. Hierfür fiele eine Anschaffungsauszahlung für die Errichtung in Höhe von DM 105.000 und laufende jährliche Auszahlungen von DM 15.000 pro Jahr (50 Wochen/Jahr) an. Die zusätzlich anfallenden Auszahlungen pro Lieferfahrt, mit dann nur noch eintägiger Dauer, könnten somit auf 200,- reduziert werden. Allerdings wäre eine wöchentliche Belieferung der Niederlassung von Schabbach aus notwendig, aufgrund einer Anfrage bei einer Spedition wird hierfür mit laufenden Auszahlungen von DM 250,-/Woche kalkuliert (50 Wochen/Jahr). Die größere Nähe zum Absatzmarkt läßt höhere Kundeneinzahlungen erwarten, anstelle jährlicher Einzahlungen von DM 130.000,- und einem erwarteten jährlichen Zuwachs von 5 % (ab dem Ende des nächsten Jahres), werden bei Errichtung der Niederlassung pro Jahr DM 140.000,- und eine 7 %ige Steigerung erwartet.

Beurteilen Sie das vorgestellte Investitionsvorgaben der Ißfrisch OHG anhand der Kapitalwertmethode. Gehen Sie dabei von jährlich nachschüssigen Zahlungen, einem Betrachtungszeitraum von 6 Jahren und einem Kalkulationszinsfuß von 10 % aus.

Aufgabe 3.11

Bei einer geplanten Nutzungsdauer von 4 Jahren und einer Anschaffungsauszahlung von 120.000 erwartet ein Investor folgende Einzahlungsüberschüsse in den Perioden: 44.000, 52.000, 56.000, 56.000. Bei linearer Abschreibung (Restwert von 0) und einem gewinnabhängigen, pauschalen Steuersatz von 50 % ist der Kapitalwert unter der Annahme eines Kalkulationszinssatzes von 8 % zu ermitteln.

Aufgabe 3.12

Einem Unternehmer bieten sich die folgenden Investitionsalternativen ($i = 9\ \%$):

	t_0	t_1	t_2
Investition 1	-26.000	13.000	18.000
Investition 2	-35.700	40.000	-
Investition 3	-30.000	22.000	13.000

a) Beurteilen Sie die relative Vorteilhaftigkeit nach der Kapitalwertmethode.

b) Beurteilen Sie die relative Vorteilhaftigkeit nach der Annuitätenmethode und nehmen Sie anschließend kritisch zu diesem Ergebnis Stellung.

Aufgabe 3.13

Eine Investitionsmöglichkeit ist durch die folgende Zahlungsreihe gekennzeichnet:

	t_0	t_1	t_2	t_3
$EZÜ_t$	-15.000	5.611,50	5.611,50	5.611,50

a) Ermitteln Sie die Kapitalwerte für $i_1 = 5\%$ und $i_2 = 7\%$.

b) Ermitteln Sie den Internen Zins über die Verwendung der beiden Probierzinssätze und der Gleichung zur linearen Interpolation.

c) Zeigen Sie mit dem Ergebnis aus b) die Wiederanlageprämisse der Internen Zinsfußmethode auf.

Aufgabe 3.14

Als alternative Interne Zinssätze der Zahlungsreihe -10.000, 50.000, -60.000 ergeben sich $r_1 = 100\%$ und $r_2 = 200\%$. Raten Sie einem Investor, der mit einem Kalkulationszinssatz von 12% operiert, zur Durchführung dieses Investitionsvorhabens?

Aufgabe 3.15

Einem Investor bieten sich die beiden folgenden alternativen Investitionsvorhaben an:

	t_0	t_1	t_2	t_3
Investition 1	-5.000	3.500	2.500	1.500
Investition 2	-5.000	500	2.000	6.000

a) Beurteilen Sie die beiden Vorhaben anhand der Kapitalwertmethode unter Verwendung der Kalkulationszinsfüße von $i_1 = 10\,\%$ und $i_2 = 14,4\,\%$.

b) Beurteilen Sie die Vorhaben mittels Interner Zinsfußmethode. Zeigen Sie anschließend graphisch auf, in welchem Zinsbereich die beiden Kalküle zu unterschiedlichen Resultaten gelangen.

Aufgabe 3.16

Für ein Investitionsvorhaben werden im Verlauf seiner technisch-maximalen Nutzungsdauer folgende Einzahlungsüberschüsse und Restwerte erwartet. Der Investor kalkuliert mit einem Zinssatz von 8 %.

	t_0	t_1	t_2	t_3	t_4	t_5	t_6
$EZÜ_t$	-100	50	50	40	30	20	10
R_n		70	50	45	25	10	0

a) Ermitteln Sie die optimale Nutzungsdauer.

b) Ermitteln Sie den optimalen Ersatzzeitpunkt bei einmaliger identischer Wiederholung.

c) Ermitteln Sie den optimalen Ersatzzeitpunkt bei unendlicher identischer Wiederholung.

Aufgabe 3.17

Ein Unternehmer erwartet bei Durchführung eines Investitionsvorhabens eine Anschaffungsauszahlung von DM 2.000,-, eine Einzahlung von DM 1.600,- und eine Auszahlung von DM 800,- am Ende des ersten Jahres. Für die Folgeperioden rechnet er mit einer Reduzierung der Einzahlungen von jeweils 10 %, sowie einer Erhöhung der Auszahlungen von ebenfalls 10 %. Ferner geht er davon aus, daß er durch die Nutzung des Investitionsobjekts jährlich etwa DM 300,- weniger an Restwerterlös erzielen kann. Ab dem Ende des 6. Jahres rechnet er mit einem Restwerterlös von Null. Er kann das Investitionsvorhaben einmalig identisch wiederholen und kalkuliert mit einem Zinssatz von 10 %.

a) Bestimmen Sie den optimalen Ersatzzeitpunkt bei einer technisch maximalen Nutzungsdauer von 8 Jahren.

b) Stellen Sie die Zahlungsreihe der in a) bestimmten Investitionskette dar und ermitteln Sie hieraus ihren Kapitalwert.

Aufgabe 3.18
Eine Anschaffungsauszahlung von 90.000 zum Zeitpunkt t_0 führt zu folgenden Einzahlungsüberschüssen am Ende der Folgeperioden: 40.000, 30.000, 20.000, 20.000, 12.000. Ermitteln Sie für dieses Zahlungsreihe den Vermögensendwert ($i_s = 0{,}09$ / $i_h = 0{,}05$).

a)   Unter der Annahme eines Kontenausgleichsverbots.

b)   Unter der Annahme eines Kontenausgleichsgebots.

Aufgabe 3.19

Einem Investor bieten sich zwei alternative Investitionsobjekte an, die durch folgende Zahlungsreihen gekennzeichnet sind:

	t_0	t_1	t_2	t_3	t_4
Investition 1:	-1.200	300	400	400	600
Investition 2:	-1.200	400	500	500	230

Der Investor geht von einem Sollzinssatz von 12 % und einem Habenzinssatz von 8 % aus.

a) Zu welchem Investitionsvorhaben raten Sie ihm unter Verwendung der Vermögensendwertmethode bei Kontenausgleichsverbot?

b) Zu welchem Resultat gelangen Sie nach dem Endwertkalkül bei Gültigkeit des Kontenausgleichsgebots?

c) Ermitteln Sie die relative Vorteilhaftigkeit mittels Sollzinssatzmethode bei Annahme eines Ausgleichsverbots (-gebots).

d) Beurteilen Sie die beiden Vorhaben durch die Bestimmung der Kapitalwerte bei Methodenerweiterung unter Verwendung der o.g. Zinssätze und unter der Voraussetzung einer 100 %igen Fremdfinanzierung bei endfälliger Tilgung und laufenden Zinszahlungen.

e) Erläutern Sie die Vorteilhaftigkeit (aus der Sicht des Investors) der den Kalkülen jeweils zugrundeliegenden Modalitäten zur Zins- und Tilgungszahlung anhand der Ergebnisse zu a), b) und d).

4. Investitionsprogrammentscheidungen

Bislang wurden Einzelinvestitions- und Auswahlentscheidungen unterstellt. Im weiteren Verlauf werden Programmentscheidungen unter Verwendung dynamischer Kalküle betrachtet. **Ein Investitionsprogramm stellt eine Kombination mehrerer, sich gegenseitig nicht ausschließender Investitionsvorhaben dar.** Würden hierbei weiterhin die Prämissen des vollkommenen Kapitalmarkts aufrechterhalten, so würde ein Investor mit unbegrenzter Kapitalaufnahmemöglichkeit alle Investitionsvorhaben realisieren, die einen positiven Kapitalwert aufweisen. Die Modelle zur Optimierung der Programmentscheidung sind jedoch auch darauf gerichtet, einige aus der Vielzahl der in der betrieblichen Realität geltenden Restriktionen, wie Budgetbeschränkungen, unterschiedliche Qualitäten der Finanzierungsmöglichkeiten, Absatzbeschränkungen etc. zu berücksichtigen. Sie sind nach Art und Anzahl integrierter Restriktionen differenzierbar.

Als beispielhafte Konzepte zur Optimierung des Investitionsprogramms werden nachfolgend das Kapitalwertraten- und das Dean-Modell vorgestellt. Hieran anschließend erfolgt die Darlegung der prinzipiellen Funktionsweise ausgewählter Ansätze die sich der linearen Programmierung bedienen.

4.1 Kapitalwertratenansatz

Jedes einzelne, um Aufnahme in das Investitionsprogramm konkurrierende Vorhaben, stellt eine Beanspruchung des begrenzten Budgets in Höhe der für seine Realisierung notwendigen Anschaffungsauszahlung dar. **Die Kapitalwertrate dient als Rangordnungskriterium der Investitionsobjekte, sie ergibt sich als Relation von Kapitalwert und Anschaffungsauszahlung:**

$$C_0^* = \frac{C_0}{A_0}$$

Das Ziel des Kapitalwertratenansatzes ist die Maximierung des Kapitalwerts des Investitionsprogramms.

> Das Entscheidungskriterium lautet:
> **Wähle die Investitionsvorhaben mit maximalen Kapitalwertraten in das Investitionsprogramm!**

Im folgenden Beispiel 4.1 konkurrieren drei voneinander unabhängige Investitionsobjekte um Aufnahme in das Programm. Die Vorhaben sind beliebig teilbar und können einmalig durchgeführt werden. Im Beispiel werden die Konsequenzen der Programmbestimmung bei Rangfolgenbildung anhand der Kapitalwerte/Internen Zinssätze/Kapitalwertraten der einzelnen Investitionsvorhaben dargelegt.

Beispiel 4.1: Programmentscheidung

Ein Investor hat die nachstehenden Objekte zur Auswahl. Er verfügt über ein Budget von 8.000 (i = 10 %).

Objekt	A_0	$EZÜ_1$	$EZÜ_2$	C_0	r	C_0^*
1	8.000	7.000	3.000	842,98	0,19	0,105
2	3.600	2.340	2.250	386,78	0,18	0,107
3	2.200	1.430	1.540	372,73	0,22	0,169

Die Rangfolge der Objekte nach ihrem Kapitalwert lautet: Objekt 1/Objekt 2/Objekt 3. Wegen der Budgetrestriktion wird lediglich das erste Vorhaben realisiert. Der Kapitalwert des Programms beträgt 842,98.

Die Rangfolge der Objekte nach ihrem Internen Zins lautet: Objekt 3/Objekt 1/Objekt 2. In das Programm integriert werden das Vorhaben 3 und 72,5 % ((8.000 - 2.200)/8.000) des Vorhabens 1. Der Kapitalwert des Programms beträgt 983,88.

Unter Verwendung der Kapitalwertrate ergibt sich die Reihe: Objekt 3/Objekt 2/Objekt 1. In das Programm aufgenommen werden die Objekte 3, 2 und 27,5 % des ersten Investitionsvorhabens. Der Kapitalwert beträgt dann 991,32.

Der Sachverhalt differierender Auswahlentscheidungen bei Verwendung der unterschiedlichen Kalküle soll kurz erläutert werden. Im Unterschied zum

Kapitalwert stellt die Kapitalwertrate ein Renditemaß dar (das Verhältnis beider Kalküle entspricht in etwa dem der Gewinn- und Rentabilitätsvergleichsrechnung), welchem in einer Situation begrenzter Mittel immer der Vorzug einzuräumen ist, sofern das gesamte Budget ausgeschöpft wird. Die unterschiedliche Rangfolge zwischen dem Kapitalwertratenansatz und der Internen Zinsfußmethode ist auf die abweichenden Wiederanlageprämissen zurückzuführen. Bei der Reinvestition freiwerdender Mittel zum Kalkulationszinsfuß führt der Kapitalwertratenansatz zu plausibleren Resultaten.

Problematisch ist die Auswahl im Falle unteilbarer Investitionsobjekte, hier garantiert die Kapitalwertratenmethode nicht das Auffinden optimaler Konstellationen. Der Ansatz führt, bezogen auf das Beispiel 4.1, zur Rangfolge „Objekt 3/Objekt 2". Die Budgetbeanspruchung beträgt 5.800, der Kapitalwert des Programms 759,51. Die Anlage des nicht verbrauchten Budgets zum Kalkulationszinsfuß führt zu keiner Kapitalwertmehrung. Erfolgt die Rangreihung nach den Kapitalwerten der einzelnen Objekte, so wird das erste Vorhaben realisiert, der Kapitalwert des Programms beläuft sich auf 842,98.

Mißt man die Tauglichkeit des Verfahrens an realen Gegebenheiten, so ist weiterhin kritisch anzumerken, daß Verbundeffekte zwischen den Investitionsalternativen ausgeschlossen sind, Budgetrestriktionen für Folgeperioden unberücksichtigt bleiben und Budgeterweiterungen (u.U. über höhere Sollzinssätze) nicht möglich sind. Letzterer Kritikpunkt leitet über zur simultanen Investitions- und Finanzierungsplanung im Dean-Modell.

4.2 Dean-Modell

Während im zuvor dargestellten Modell ein zu berücksichtigendes Kapitalbudget in konstanter Höhe vorgegeben wurde, zeichnen sich die Finanzierungsvarianten im Dean-Modell durch unterschiedliches Volumen, geordnet nach steigenden Kapitalkosten aus. Ihnen stehen Investitionsalternativen gegenüber, geordnet nach fallenden Internen Zinssätzen. Im simultan zu bestimmenden optimalen Investitions- und Finanzierungsprogramm finden sich eine Reihe „rentabler" Investitionsobjekte und eine Anzahl „günstiger" Finanzierungsalternativen. Da ein einheitlicher Kalkulationszinssatz nicht vorgegeben werden kann, liegt das Ziel des Ansatzes in der Maximierung des Endwerts des Programms.

> Das Entscheidungskriterium lautet:
> **Wähle jedes (teilbare) Investitionsvorhaben (anteilig) in das Investitionsprogramm, dessen Interner Zins zumindest den Kapitalkosten seiner korrespondierenden Finanzierung entspricht!**

Die wesentlichen dem Modell zugrundeliegenden Annahmen sind:

- Alle Investitions- und Finanzierungsmaßnahmen erstrecken sich über einen Zeitraum von einer Periode (Zwei-Zeitpunkt-Modell).
- Es existieren keinerlei Verbundeffekte. Die einzelnen Investitionsobjekte und die einzelnen Finanzierungsvarianten sind untereinander unabhängig. Gleiches gilt im Verhältnis zwischen den Finanzierungs- und Investitionsalternativen.

Zunächst soll von der Situation beliebiger Teilbarkeit der Investitions- und Finanzierungsvarianten ausgegangen werden.

Beispiel 4.2: Simultanes Investitions- und Finanzierungsprogramm

Aus folgenden Investitionsobjekten (IO_j) und Finanzierungsmaßnahmen (FM_i) ist das optimale Investitions- und Finanzierungsprogramm zu erstellen:

IO_j	A_0	$EZÜ_1$	r	Rangfolge
1	170	185,30	0,09	4
2	238	278,46	0,17	1
3	85	96,90	0,14	2
4	204	228,48	0,12	3

FM_i	Maximales Volumen	r	Rangfolge
1	289	0,10	2
2	238	0,15	3
3	153	0,08	1

Nachdem die Investitionsalternativen (Finanzierungsmöglichkeiten) nach fallenden (steigenden) Zinssätzen geordnet wurden, kann das Optimalprogramm bestimmt werden, es besteht aus den Investitionsalternativen IO_2, IO_3 und 58,33 % des IO_4 sowie den Finanzierungsalternativen FM_3 und FM_1. Dieses Programm weist bei einem Kapitalbudget von 442 (cut-off-point) den maximalen Vermögensendwert von:

$$278,46 + 96,90 + 0,5833(228,48) \quad = \quad 508,64$$
$$- 153(1,08) - 289(1,1) \quad = \quad \underline{- 483,14}$$
$$= \quad 25,50 \text{ auf.}$$

Die Daten des Beispiels wurden zur graphischen Darstellung (Abbildung 4.1) in eine Kapitalbedarfs- und eine Kapitalangebotskurve transformiert.

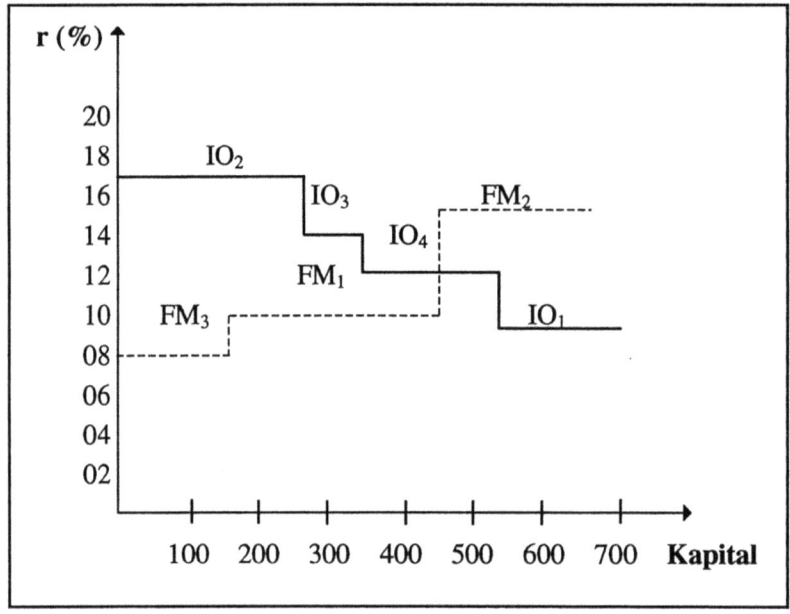

Abbildung 4.1: Dean-Modell

Der Schnittpunkt der beiden Kurven ist jener Zinssatz, der im Beispiel 4.2 die Grenze der Vorteilhaftigkeit darstellt, er beträgt 12 % (kritischer Zins oder cut-off-rate). Dieser Zinssatz wäre der in einem Kapitalwertansatz zugrundegelegte Kalkulationszinsfuß, der im Unterschied zu den Modellen des vollkommenen Kapitalmarkts nicht von außen (exogen) vorgegeben, sondern in der spezifischen Modellsituation ermittelt wird (endogen). Damit erfolgt seine Bestimmung zu einem Zeitpunkt, zu dem er zur Entscheidungsfindung nicht mehr benötigt wird.

Bislang wurde von beliebiger Teilbarkeit der Investitionsobjekte ausgegangen. Dies kann, muß jedoch nicht immer gelten (Schiffsbeteiligung vs. Kauf einer Produktionsanlage). Wird diese Annahme verworfen, so stellt sich, bezogen auf das Beispiel 4.2, die Frage, ob das 4. Investitionsvorhaben realisiert werden soll oder nicht.

Eine Möglichkeit der Beantwortung der Frage nach der Vorteilhaftigkeit stellt der Flächenvergleich dar.

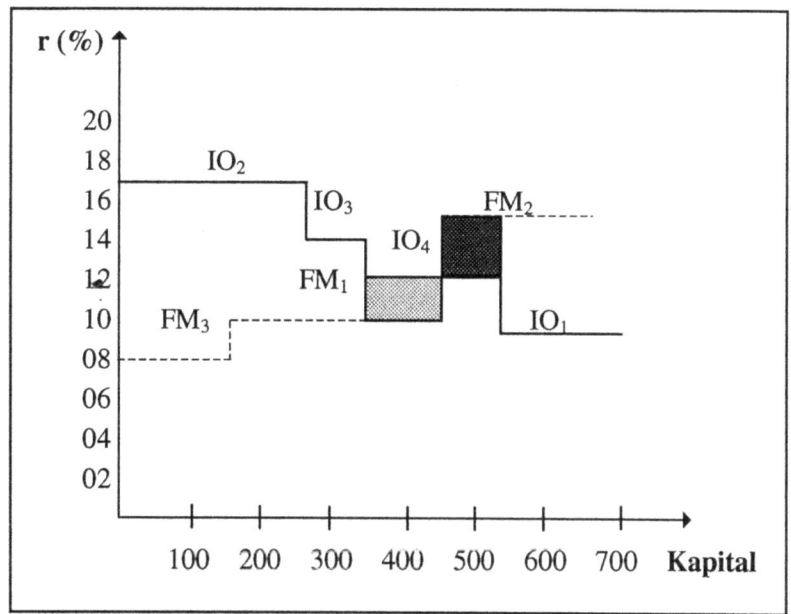

Abbildung 4.2: Flächenvergleich im Dean-Modell

Die in der Abbildung 4.2 hervorgehobene dunkle Fläche stellt den mit der Realisierung einhergehenden Nachteil, die kenntlich gemachte hellere Fläche den mit der Realisierung verbundenen Vorteil dar. Der Flächenvergleich scheint zur Programmbestimmung geeignet. Sofern der endwerterhöhende Vorteil den endwertreduzierenden Nachteil kompensiert, enthält das Programm die betrachtete Investitionsalternative, im umgekehrten Falle nicht. In der vorliegenden Situation führt der Vergleich zum Verzicht auf das 4.

Investitionsobjekt. Damit bestünde das Optimalprogramm aus den Investitionsalternativen 2, 3 sowie der Finanzierungsalternative 3 und 58,82 % (Volumen von 170) der Alternative 1, mit einem Endwert von 23,12 (anstelle von 22,95 bei Realisierung des 4. Objekts).

Die Lösung ist jedoch suboptimal, denn ein Programm, bestehend aus IO_2, IO_4, FM_3 und FM_1 erbringt einen Endwert von 23,80.

Das Dean-Modell führt folglich, vergleichbar mit dem Kapitalwertratenansatz, bei Unteilbarkeit der Investitionsobjekte nicht zwangsläufig zum Optimalprogramm.

Weitere Kritikpunkte sind u.a.:

- Verbundeffekte zwischen Investitionsobjekten können nicht berücksichtigt werden.
- Verbundeffekte zwischen Investitionsvorhaben (z.B. Kauf einer Immobilie) und bestimmten Finanzierungsvarianten (z.B. Hypothekendarlehen) sind nicht integrierbar.
- Die Verwendung von Eigenkapital ist als Finanzierungsalternative zwar grundsätzlich möglich, die Bedeutung der Eigenkapitalquote im Rahmen der Erlangung von Krediten wird jedoch vernachlässigt (Verbundeffekte der Finanzierungsvarianten).
- Interdependenzen zu anderen Teilplänen (z.B. Produktions- und Absatzpläne) werden nicht berücksichtigt.
- Es handelt sich um ein Zwei-Zeitpunkt-Modell, Investitionsvorhaben mit einer mehrperiodigen Nutzungsdauer können nicht analysiert werden. Auch die u.U. durch Festlegung eines Optimalprogramms eintretenden Konsequenzen für zukünftige Investitions- und Finanzierungsvorhaben können nicht berücksichtigt werden.

Trotz dieser Kritik kommt dem Dean-Modell der Verdienst zu, auf relativ einfachem Niveau die grundsätzliche Idee (keine Investitionsplanung ohne Finanzierungsplanung bei Aufgabe der Annahme eines vollkommenen Kapitalmarkts) und zugleich die prinzipielle Problematik der Simultanplanung darzulegen. Die Berücksichtigung mehrperiodischer Konsequenzen von Investitionsprogrammen und ihrer Interdependenzen mit anderen Teilplänen des Unternehmens erfordern aufwendigere Planungsmodelle, deren Prinzip abschließend vorgestellt wird.

4.3 Problemlösung mittels linearer Programmierung

Die lineare Programmierung ist eine analytische Optimierungstechnik zur Fixierung eines Maximums einer Funktion mit mehreren Variablen unter Nebenbedingungen. Die Voraussetzungen zur Anwendung dieser Technik sind:

- Die Zielfunktion kann durch eine lineare Funktion dargestellt werden, die hierin enthaltenen Variablen sind miteinander nicht multiplikativ verknüpft.
- Die Variablen dürfen ein bestimmtes unteres Niveau nicht unterschreiten (Nichtnegativitätsbedingung).
- Die in der Problemsituation zu berücksichtigenden Nebenbedingungen können als lineare Gleichungen oder Ungleichungen formuliert werden.

Im Rahmen der Investitionsprogrammentscheidung stellen die Variablen beispielsweise die Anzahl der einzelnen Investitions- und Finanzierungsarten des zu bestimmenden Optimalprogramms dar. Der Optimierungsprozeß beinhaltet die schrittweise Überprüfung einzelner Programme hinsichtlich der Ausprägung der jeweiligen Zielgröße (z.B. Kapitalwert), bis deren Maximum erreicht ist.

Ohne weitere Erläuterung zur Funktionsweise der Linearen Programmierung sollen anschließend ausgewählte Ansätze kurz gekennzeichnet werden.

Im kapitaltheoretischen Einperioden-Modell von Albach finden sich in der Zielfunktion die positiven Kapitalwerte der einzelnen Investitionsobjekte und die negativen Kapitalwerte der Finanzierungsmaßnahmen. Das Ziel liegt in der Maximierung des Kapitalwerts des Investitions- und Finanzierungsprogramms. Außer Liquiditätsnebenbedingungen (für jeden Zeitpunkt muß gelten, daß die Auszahlungen nicht höher sein dürfen als die Einzahlungen) werden Produktions-/Absatzbeschränkungen formuliert (zu den einzelnen Zeitpunkten dürfen die Produktionsmengen der einzelnen Produkte die maximalen Absatzmengen nicht überschreiten). Schließlich darf die Anzahl der einzelnen Investitions- und Finanzierungsvorhaben nicht negativ sein und festzulegende Höchstgrenzen nicht überschreiten.

Die Kapitalwertmaximierung erfordert die Vorgabe eines Kalkulationszinssatzes der im Modell von Hax nicht benötigt wird, da das Ziel in der Maximierung des Endvermögens liegt. Es handelt sich um ein Mehrperioden-Modell, positive Einzahlungsüberschüsse können zu einem festen Satz als kurzfristige Finanzinvestitionen angelegt werden. Neben Liquiditätsnebenbedingungen, Nichtnegativitätsbedingungen für die Investitions- und Finanzierungsvarianten und solchen, die die Überschreitung bestimmter Höchstgrenzen verhindern, finden sich Ganzzahligkeitsbedingungen für die Investitionsobjekte.

Produktionstheoretische Ansätze zielen auf simultane Investitions- und Produktionsplanung ab. Die Notwendigkeit hierzu wird aus den bestehenden Interdependenzen zwischen Investitionsentscheidungen und Entscheidungen im Produktionsbereich abgeleitet. Ausgehend von einer bestimmten Fertigungssituation, einem gegebenen stückbezogenen Anlagen-Kapazitätsbedarf der Produkte, konstanten variablen Kosten und Verkaufspreisen pro Stück und fehlender Lagerhaltung wird im Modell von Förstner/Henn das Ziel der Gewinnmaximierung verfolgt. Durch ein vorgegebenes Budget pro Periode begrenzt mögliche Investitionen verursachen Anschaffungsauszahlungen, Liquidationserlöse und Kapazitätserhöhungen.

Alle bislang in der Literatur präsentierten Modelle, die sich der linearen (und auch nichtlinearen) Programmierung bedienten, enthalten Vereinfachungen und bieten damit Angriffsfläche. Ein zuverlässiges, die betriebliche Realität umfassendes Totalmodell, das alle relevanten sachlichen und zeitlichen Interdependenzen vollständig berücksichtigt, konnte bislang nicht vorgestellt werden. Da mit jeder weiteren Annäherung an die Realität eine weitere Variable oder Nebenbedingung integriert werden muß, stellt sich ohnehin die Frage, ob der eintretende Planungserfolg den gewaltigen Rechenaufwand rechtfertigen kann.

4.4 Zusammenfassung der Entscheidungskriterien und Kritik

Das Entscheidungskriterium des **Kapitalwertratenansatzes** lautet:
Wähle die Investitionsvorhaben mit maximalen Kapitalwertraten in das Investitionsprogramm!
Wesentliche Kritik:
- Das Kriterium führt im Falle unteilbarer Investitionsvorhaben nicht zwangsläufig zum optimalen Investitions- und Finanzierungsprogramm.
- Verbundeffekte können nicht berücksichtigt werden.
- Budgetrestriktionen für Folgeperioden können nicht integriert werden.
- Das Budget ist fest vorgegeben, es kann auch über die Berücksichtigung höherer Sollzinsen nicht erhöht werden.

Das Entscheidungskriterium des **Dean-Modells** lautet:
Wähle jedes (teilbare) Investitionsvorhaben (anteilig) in das Investitionsprogramm, dessen Interner Zins zumindest den Kapitalkosten seiner korrespondierenden Finanzierung entspricht!
Wesentliche Kritik:
- Der Ansatz führt im Falle unteilbarer Investitionsvorhaben nicht zwangsläufig zum optimalen Investitions- und Finanzierungsprogramm.
- Verbundeffekte können nicht berücksichtigt werden.
- Interdependenzen mit anderen Teilplänen sind nicht integrierbar.
- Da es sich um ein Zwei-Zeitpunkt-Modell handelt, können weder mehrperiodige Investitionsobjekte noch die mit der Realisierung eines bestimmten Programms für künftige Perioden eintretenden Konsequenzen berücksichtigt werden.

Übungsaufgaben zum 4. Kapitel

Aufgabe 4.1
Einem Investor, der mit einem Kalkulationszinssatz von 10 % operiert, bieten sich bei einer in t_0 zu berücksichtigenden Budgetbeschränkung von 800 folgende Investitionsalternativen an:

	t_0	t_1	t_2	t_3
Investition 1:	-500	330	280	250
Investition 2:	-50	0	0	135
Investition 3:	-800	80	970	150
Investition 4:	-300	170	260	140
Investition 5:	-400	120	140	220
Investition 6:	-400	200	200	150

a) Bestimmen Sie das optimale Investitionsprogramm mittels Kapitalwertratenansatz unter der Voraussetzung, daß die Investitionsobjekte beliebig teilbar sind.

b) Zeigen Sie auf, daß der Kapitalwertratenansatz im Falle unteilbarer Investitionsobjekte nicht zum Optimalprogramm führt.

Aufgabe 4.2

Die folgenden Investitionsvorhaben konkurrieren um die Aufnahme in das Investitionsprogramm:

	IO_1	IO_2	IO_3	IO_4	IO_5
A_0	105,00	60,00	240,00	150,00	320,00
$EZÜ_1$	115,50	78,00	288,00	169,50	340,00

a) Als Finanzierungsmaßnahme steht ein Kredit mit einem Volumen von 680 zu 9 % zur Verfügung. Ermitteln Sie graphisch das Optimalprogramm nach dem Modell von Dean.

b) Folgende Finanzierungsmaßnahmen sind verfügbar:

	Zinssatz	Volumen
FM_1	5 %	100
FM_2	9 %	200
FM_3	11 %	120
FM_4	15 %	300

Die Investitionsalternativen sind nicht teilbar. Bestimmen Sie mittels Flächenvergleich das Investitions- und Finanzierungsprogramm. Ist das so bestimmte Programm optimal?

c) Ermitteln Sie die cut-off-rate und den cut-off-point in Ihrer Lösung zur Aufgabe b).

Aufgabe 4.3
Nennen Sie die wesentlichen Kritikpunkte am Dean-Modell.

Aufgabe 4.4

Für das folgende Entscheidungsproblem ist ein linearer Programmierungsansatz zu formulieren.

Einem Investor steht zu den Zeitpunkten t_1 und t_2 jeweils ein Kapital von 8.000 zur Verfügung. Zwei teilbaren Investitionsvorhaben lassen sich die folgenden Zahlungsreihen zuordnen:

Investition 1:   -8.000, -8.800, 23.000
Investition 2:   -6.500,   0, 10.000 .

Der Investor kalkuliert mit einem Zinssatz von 10 %, sein Ziel liegt in der Maximierung des Kapitalwerts des Investitionsprogramms.

Zielfunktion:

Nebenbedingung (Finanzrestriktion in t_0):

Nebenbedingung (Finanzrestriktion in t_1):

Nichtnegativitätsbedingungen:

5. Berücksichtigung unsicherer Erwartungen

Reale Entscheidungssituationen sind meist dadurch geprägt, daß der Investor die monetären Konsequenzen einer Investitionsalternative nicht mit Gewißheit voraussagen kann. Unsichere Erwartungen können bezüglich aller bislang als sicher vorausgesetzter Inputgrößen bestehen, so u.a. hinsichtlich künftiger Ein- und Auszahlungen, der Nutzungsdauer des Investitionsobjekts oder dem Kalkulationszinsfuß.

Entscheidungslagen der Ungewißheit werden in der Literatur üblicherweise in Risikosituationen und Situationen der Unsicherheit im engeren Sinne unterschieden. Im ersten Fall kann der Entscheider den für möglich erachteten Umweltzuständen (als sich gegenseitig ausschließende Bündelungen künftiger, erfolgsbestimmender Ereignisse) Eintrittswahrscheinlichkeiten zuordnen, im zweiten Falle ist er hierzu nicht imstande. In beiden Fällen ist er jedoch in der Lage, die heutigen Handlungsalternativen vollständig zu formulieren und diesen zukünftige monetäre Konsequenzen (Ergebnisse) zuzuordnen. Die Wahrscheinlichkeiten können subjektiver oder objektiver Natur sein. Subjektive Wahrscheinlichkeiten basieren auf Überlegungen oder Erfahrungen, objektive lassen sich aus Häufigkeitsverteilungen der Ergebnisse gleichwertiger Situationen erlangen (z.B. Eintrittswahrscheinlichkeit eines Versicherungsfalls). Für Entscheidungslagen der Unsicherheit i.e.S. wurden zahlreiche Entscheidungsregeln in der Spieltheorie entwickelt, so u.a. die Maximin-Regel oder das Hurwicz-Prinzip. Mit Hilfe des ersten Kriteriums wird z.B. für einen (pessimistischen) Entscheider als optimale Alternative jene bestimmt, die bei Eintritt der ungünstigsten Umweltbedingungen noch das beste Resultat erbringt.

Beispiel 5.1: Entscheidung unter Unsicherheit i.e.S.

Dem Investor P. Essimist bietet sich die Möglichkeit zum Kauf von Eigentumswohnungen. Er überlegt, ob er eine, zwei oder drei Wohnungen erwerben soll. Da er sich außerstande sieht, den künftig erwarteten Ertragslagen auf dem Wohnungsmarkt (gut, mittel, schlecht) Wahrscheinlichkeiten zuzuordnen, wählt er als pessimistischer Entscheider in der Phase der Entscheidungsvorbereitung die Maximin-Regel.

	Künftige Ertragslage („Gewinn"/Jahr in DM)			
Kauf von ...	Gut	Mittel	Schlecht	Zeilenminima
1 Wohnung	10.000	5.000	-5.000	-5.000
2 Wohnungen	20.000	0	-10.000	-10.000
3 Wohnungen	30.000	10.000	-15.000	-15.000

Die (in der vorgegebenen Situation einleuchtende) Empfehlung lautet damit „Kauf von einer Wohnung".

Das einfache Beispiel 5.1 soll ausreichen, das Prinzip der Entscheidungsfindung für den Fall der Unsicherheit i.e.S. zu verdeutlichen. In den folgenden Ausführungen (wie wohl auch in den meisten realen Entscheidungssituationen) ist der Investor jeweils zur Zuordnung von Eintrittswahrscheinlichkeiten (w_i = Eintrittswahrscheinlichkeit der Situation i) zu den einzelnen für möglich gehaltenen Umweltsituationen (U_i mit i von 1 bis n) in der Lage, wobei gilt:

$$\sum_{i=1}^{n} w_i = 1$$

Ein wesentliches Konzept zur Beurteilung von Risikosituationen ist das Sicherheitsäquivalent (SÄQ). **Ein Sicherheitsäquivalent ist jener sichere Betrag, den ein Entscheidungsträger als gleichwertig betrachtet zu mehreren unsicheren Ergebnissen (E_i), denen bestimmte Eintrittswahrscheinlichkeiten zugeordnet werden können.** Wesentlich für die Ermittlung eines SÄQ ist die Risikoeinstellung des Entscheiders. Handelt es sich um eine risikoneutrale Person, so wählt sie als SÄQ den Erwartungswert (μ):

$$\mu = \sum_{i=1}^{n} w_i \times E_i$$

Beispiel 5.2: Sicherheitsäquivalent

Ein risikoneutraler Entscheider erwartet bei der Realisierung eines Vorhabens in Abhängigkeit der von ihm als möglich erachteten Umweltzustände nachstehenden Gewinn/Periode:

	U_1	U_2	U_3
Gewinn/Periode:	500	200	-200

Den Umweltzuständen ordnet er folgende Eintrittswahrscheinlichkeiten zu:

	U_1	U_2	U_3
Wahrscheinlichkeit:	0,4	0,2	0,4

Das Sicherheitsäquivalent beträgt 160.

Ist der Investor risikofreudig (risikoscheu), so ist das SÄQ höher (geringer) als der Erwartungswert.

Zunächst werden Instrumente zur Bewältigung von Risikosituationen für den Kasus der Einzelinvestitions- und Auswahlentscheidung dargelegt. Anschließend erfolgt mit der Darstellung der Portfolio-Selection-Theorie die Präsentation eines Instruments für den Fall der Programmentscheidung.

5.1 Korrekturverfahren

Das Grundprinzip der Korrekturverfahren liegt in der Variation der Inputgrößen durch Risikozuschläge bzw. -abschläge. Dies könnte bei einem Kapitalwertkalkül durch Erhöhung des Kalkulationszinssatzes (z.B. Investitionen in neuen Geschäftsfeldern: Standardzins + x %) und/oder der Auszahlungen respektive durch Reduzierung der Nutzungsdauer und/oder der Einzahlungen erfolgen. Bei Anwendung der Kostenvergleichsrechnung könnten beispielsweise die Kapazitätsauslastung oder bestimmte Fixkosten verringert bzw. erhöht werden. Liegt ein Amortisationsdauervergleich vor, so wäre etwa eine Anhebung der maximal zulässigen Kapitalrückgewinnungsdauer möglich.

Eine weitere, kalkülunabhängige Möglichkeit zur Risikoberücksichtigung ist die Substitution bestimmter Ein- oder Auszahlungen durch Sicherheitsäquivalente (SÄQ).

In den Fällen, in denen dem Sachverhalt unsicherer Erwartungen durch einfache Zu- bzw. Abschläge Rechnung getragen wird (wie in der betrieblichen Praxis üblich), fehlt es an objektiven und differenzierten Maßstäben für deren Höhe. Zudem besteht die Gefahr, daß gerade in der Situation multipersoneller Entscheidungen, summierte, jeweils nicht näher begründbare, Korrekturen zur Ablehnung von durchaus vorteilhaften Vorhaben führen können.

5.2 Sensitivitätsanalyse

Die Sensitivitätsanalyse hat die Aufgabe, Empfindlichkeiten der Kalkülzielgröße (Gewinn, Kapitalwert etc.) auf Variationen von einer oder mehreren Eingangsvariablen (Auszahlungen, Nutzungsdauer, variable Kosten, Fixkosten etc.) zu identifizieren. Sie dient damit auch der Beantwortung folgender Fragestellungen, die im weiteren Verlauf zugrundegelegt werden:

- Welchen kritischen Wert darf eine unsichere Eingangsvariable bei einem zuvor festgelegten Kalkülzielwert (z.B. Kapitalwert oder Gewinn = 0) annehmen (1)?
- Wie verändert sich der Kalkülzielwert auf prozentuale Veränderungen der einzelnen Inputgrößen (2)?
- Existiert eine Werteausprägung für eine unsichere Eingangsvariable, ab der sich die relative Vorteilhaftigkeit eines Vorhabens ändert (3)?

Die erste Frage tritt im Bereich betrieblicher Einzelinvestitions- und Auswahlentscheidungen, unabhängig vom gewählten Kalkül, häufig auf. Wie hoch müßte die Absatzmenge mindestens sein, damit sich ein Gewinn von (zumindest) Null einstellt? Wie hoch dürfen die Anschaffungskosten jeweils maximal sein, damit sich bei Investitionsvorhaben A oder B (zumindest) die fixierte Mindestrentabilität einstellt? Wie hoch müßten die periodischen Einzahlungen minimal sein, damit das Vorhaben (zumindest) einen Kapitalwert von Null erbringt?

Kritische Werte sind das Resultat der Auflösung der jeweiligen Grundformel nach der unsicheren Variablen, während alle sicheren Variablen als gegeben eingehen. Je weiter die Bandbreite der als möglich erachteten Variablenwerte in günstiger Richtung vom kritischen Wert der Variablen entfernt ist, desto höher ist die Chance einer erfolgreichen Umsetzung des Investitionsvorhabens bezüglich dieser Variablen.

Beispiel 5.3: Sensititvitätsanalyse im Falle eines kritischen Wertes

Ein Unternehmer erwartet bei einem zweiperiodigen Investitionsobjekt die Auszahlungsreihe -2.000, -800, -800. Er kalkuliert mit einem Zinssatz von 8 %, und geht davon aus, daß die über beide Perioden gleichhohen Einzahlungen (EZ_i) eine Bandbreite von 2.100 (pessimistischer Wert) bis 2.600 (optimistischer Wert) aufweisen, der Restwerterlös beträgt Null. Bei Anwendung des Kapitalwertkalküls resultiert:

$$C_0 = 0 = -2.000 + \frac{EZ_1 - 800}{1,08} + \frac{EZ_2 - 800}{1,08^2}$$

Der Wert der kritischen Einzahlungen pro Periode beträgt 1.921,54. Angesichts der von ihm als realistisch eingeschätzten Einzahlungswerte zwischen 2.100 und 2.600 beurteilt er das Vorhaben positiv.

Weitere Disaggregationen der Inputgrößen sind möglich, so könnten auch in bezug auf das Beispiel 5.3 statt periodischen mengenabhängige Einzahlungen und Auszahlungen berücksichtigt werden. Wäre die in beiden Perioden gleiche Absatzmenge (x) die kritische Größe, so lautete der Ansatz bei Differenzierung der Auszahlungen in stückabhängige (Variable Auszahlungen = AZ_v) und -unabhängige (Fixe Auszahlungen = AZ_f) mit VP (Verkaufspreis) als bekannter Inputgröße für die Einzahlungen:

$$C_0 = 0 = -A_0 + \sum_{t=1}^{n} \frac{VP \times x - AZ_v \times x - AZ_f}{q^t}$$

Dem Ansatz liegt die Annahme über die Identität von Produktions- und Absatzmenge zugrunde. Sofern zwei Inputgrößen als unsicher gelten, könnten statt eines einzelnen kritischen Wertes gegebenenfalls funktionale Zusammenhänge formuliert werden. Da beispielsweise der Verkaufspreis in vielen Fällen die Absatzmenge beeinflußt, wäre das Ergebnis eine Funktion möglicher Preis-Mengen-Kombinationen, die einen Kapitalwert von Null erbringen.

Die zuletzt gewählten Beispiele sollten auch dazu dienen aufzuzeigen, daß es eine große Anzahl grundsätzlich möglicher Sensitivitätsanalysen gibt, welche letztendlich immer von der individuellen betrieblichen Situation geprägt werden. In der vorliegenden Arbeit kann daher nur eine begrenzte Auswahl dargestellt werden, damit das Prinzip des Instruments verdeutlicht wird. Einige Empfindlichkeitsanalysen wurden bereits in zuvor behandelten Themenkreisen erörtert, so stellt die Interne Zinsfußmethode (dynamische Amortisationsdauerrechnung) eine Sensitivitätsanalyse des Kapitalwertkalküls bezüglich der kritischen Größe des Zinssatzes (der Nutzungsdauer) dar.

Die Veränderung des Kalkülzielwertes auf prozentuale Veränderungen einzelner Inputgrößen (2. Fragestellung) dient dazu, jene Eingangsvariablen aufzuspüren, denen in der konkreten Entscheidungssituation erhöhte Aufmerksamkeit zukommen sollte. Hierzu werden, ausgehend von einer Situation sicherer (oder wahrscheinlichster) Ausprägungen der Inputgrößen und des damit einhergehenden Werts der Kalkülzielgröße erstere nacheinander prozentual variiert und das Ausmaß der dadurch bedingten Veränderung der Kalkülzielgröße festgehalten. In der folgenden Abbildung wird der Einfluß prozentualer Veränderungen der Inputgrößen Anschaffungsauszahlung, Verkaufspreise, Absatzmengen und Nutzungsdauer auf den Kapitalwert einer Ausgangssituation beispielhaft dargestellt:

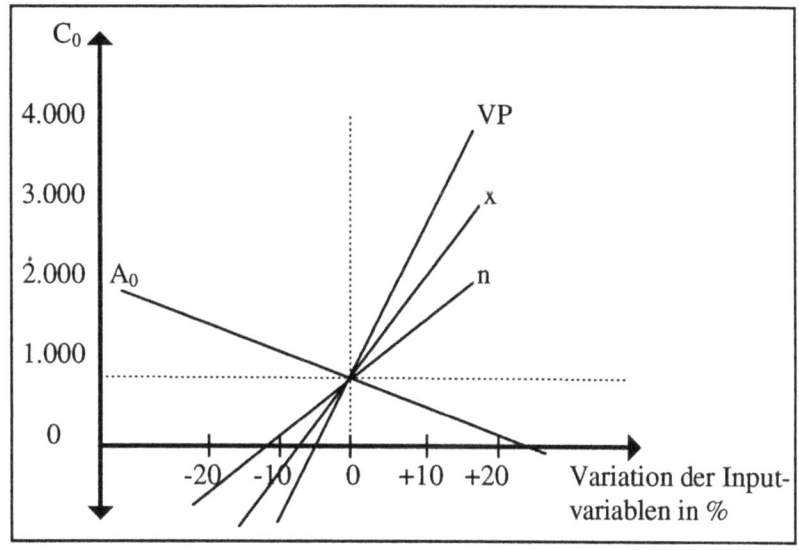

Abbildung 5.1: Veränderung des Kapitalwerts bei Inputvariation

Während eine Reduzierung des Verkaufspreises zu einer relativ starken Verringerung des Kapitalwerts führt, reagiert dieser auf eine Erhöhung der Anschaffungsauszahlungen relativ schwach.

Die Analyse wechselnder Vorteilhaftigkeit in Abhängigkeit einer unsicheren Eingangsvariablen im Rahmen einer Auswahlentscheidung (3. Fragestellung) soll nachfolgend anhand des Kalküls der Gewinnvergleichsrechnung erläutert werden. Die exemplarische Fragestellung lautet: Ab welcher Absatzmenge (= Produktionsmenge) weisen zwei Investitionsalternativen gleiche Gewinne aus?

Beispiel 5.4: Sensitivitätsanalyse und Wechsel der relativen Vorteilhaftigkeit
Ein Investor hat die Wahl zwischen zwei Alternativen IO$_A$ und IO$_B$. Den Inputvariablen kann er die folgenden Werte zuordnen:

	IO$_A$	IO$_B$
Variable Kosten/Stück (K$_v$)	3,00	6,00
Fixkosten (K$_f$)	100,00	10,00
Verkaufspreis (VP)	7,00	7,00

Bezüglich der Absatzmenge herrscht Unsicherheit. Er beurteilt die Vorhaben per Gewinnvergleichsrechnung.

Gesucht ist folglich jene Menge, ab der der relative Vorteil der Alternative A (geringere variable Kosten) ihren relativen Nachteil (höhere Fixkosten) gerade kompensiert. Diese Menge befindet sich an der Stelle, an der die Gewinne beider Alternativen gleichhoch sind:

$$G_A = 7 \times x - 3 \times x - 100 = G_B = 7 \times x - 6 \times x - 10$$

Die kritische Menge beträgt 30 Stück (Gewinn = 20). Sofern mehr als 30 Stück verkauft werden können, ist das Vorhaben A vorteilhaft, liegt die Absatzmenge darunter, so besteht eine relative Vorteilhaftigkeit für das Investitionsobjekt B.

Das Ergebnis ist für den Fall, daß es im Bereich einer als realisitisch betrachteten Bandbreite liegt (z.B. von 25 - 45 für Beispiel 5.4), unter dem Aspekt der Risikoneigung des Investors zu beurteilen. So erbringt die Alternative A ab einer Menge von 30 Stück den höheren Gewinn und führt selbst im Falle des Eintritts der ungünstigsten Absatzmenge von 25 Stück zu keinem Verlust. Die Alternative B führt hingegen im Bereich der als realistisch eingestuften Mengen immer zu einem positiven Gewinn. Eine Zuordnung von Wahrscheinlichkeiten zu den einzelnen Mengen oder Mengenbereichen in der Bandbreite und das anschließende Operieren mit Erwartungswerten liegt allerdings nicht mehr im eigentlichen Aufgabenbereich der Sensitivitätsanalyse.

Die Ergebnisse von Sensitivitätsanalysen sind dazu geeignet, einen weiteren Einblick in die Struktur von Entscheidungsproblemen zu geben, sie beinhalten i.d.R. jedoch keine Entscheidungskriterien und liefern somit keine eindeutige Lösung des Phänomens der unsicheren Erwartungen. Ein weiteres Problem stellt der häufig anzutreffende Sachverhalt der gegenseitigen Abhängigkeit einzelner Inputgrößen dar. So sind z.B. Absatzmengen häufig von Verkaufspreisen, stückbezogene Auszahlungen (bzw. variable Kosten) aufgrund von Mengenrabatten von Absatzmengen abhängig. Versuche zur Integration dieser Abhängigkeiten setzen die Kenntnis des funktionalen Zusammenhangs voraus.

5.3 Risikoanalyse

Risikoanalysen stellen den Übergang der unverbindlichen „what-if-Betrachtung" der Sensititvitätsanalyse zur Verrechnung der unsicheren Erwartungen dar. Ähnlich der Sensitivitätsanalysen steht die Methode für ein Bündel einzelner Verfahren. Das Ziel besteht jeweils in der Ermittlung einer Verteilungsfunktion (Risikoprofil) des Kalkülzielwerts. Zur Darlegung der Methode wird im weiteren Verlauf von einem Kapitalwertmodell ausgegangen.

Das Risikoprofil beinhaltet Aussagen wie z.B.: „65 % der ermittelten Kapitalwerte liegen im positiven Bereich". Eine grundsätzliche Möglichkeit zur Erstellung des Risikoprofils des Kapitalwerts wäre seine direkte Formulierung.

Da der Kapitalwert jedoch von zahlreichen Inputvariablen abhängt, erscheint es einfacher, Wahrscheinlichkeitsurteile für die einzelnen, als unsicher erachteten, relevanten Einflußgrößen abzugeben, um anschließend aus den gesonderten Variablenkonstellationen eine Verteilung des Kapitalwerts zu erhalten.

Der Ablauf der Risikoanalyse vollzieht sich üblicherweise in 7 Schritten:

1. Formulierung eines Entscheidungsmodells, insbesondere Festlegung der unsicheren Inputvariablen.

2. Schätzung einer Wahrscheinlichkeitsverteilung für die unsicheren Variablen.

3. Zuordnung und Erzeugung von Zufallszahlen für diese Variablen.

4. Berechnung der Kapitalwerte für die so gewonnenen Konstellationen von Inputvariablen.

5. Ermittlung der relativen Häufigkeiten des Kapitalwerts und der kumulierten relativen Häufigkeiten (= Risikoprofil).

6. Überprüfung der Stabilität des Kapitalwert-Risikoprofils.

7. Interpretation der Resultate.

Die Risikoanalyse stellt folglich kein Entscheidungskriterium dar. Sie gibt vielmehr eine Hilfestellung durch die per Simulation gewonnenen Ergebnisse in der Phase der Entscheidungsvorbereitung.

Zur Verdeutlichung der einzelnen Schritte diene folgendes einfache Beispiel.

Beispiel 5.5: Risikoanalyse

    <u>1. Schritt: Formulierung des Entscheidungsmodells</u>
    Ein Investitionsobjekt würde bei Realisierung periodische Einzahlungsüberschüsse von 1.300 erbringen. Auch der Kalkulationszinsfuß ist mit i = 10 % eine sichere Größe. Als unsichere

Variablen werden die Anschaffungsauszahlung (zwischen 4.000 und 6.000) und die Nutzungsdauer (5 bis 7 Perioden) angesehen. Das Ziel liegt in der Kapitalwertmaximierung.

Schritt 2: Schätzung von Wahrscheinlichkeitsfunktionen
Der Investor geht von folgenden, diskreten Wahrscheinlichkeitsverteilungen für die unsicheren Inputvariablen aus:

A_0	4.000	5.000	6.000
$w_i(A_0)$	0,4	0,4	0,2
n	5	6	7
$w_i(n)$	0,2	0,5	0,3

Schritt 3: Erzeugung von Zufallszahlen
Im Rahmen einer Monte-Carlo-Simulation sind vor der Bedienung eines Zufallszahlengenerators (Würfel, Münze etc.), den einzelnen Variablenausprägungen Zufallszahlen zuzuordnen. Da der Generator pro Lauf eine zufällige Auswahl aus den Zahlen 1-10 trifft, wird den Zufallszahlen aufgrund der erwarteten Wahrscheinlichkeitsverteilung (s.o.) folgende Variablenausprägung zugewiesen:

A_0	4.000	5.000	6.000
Zugeordnete Zahlen	1-4	5-8	9,10
n	5	6	7
Zugeordnete Zahlen	1,2	3-7	8-10

Der Zufallsgenerator erbringt für die Variablenwerte folgende Zahlen (die Wahrscheinlichkeit für jede Zahl liegt bei 1/10):

Lauf	1	2	3	4	5	6	7	8
für A_0	6	5	10	1	6	9	9	3
für n	1	5	8	4	8	5	4	1

4. Schritt: Berechnung der Kapitalwerte

Simulationslauf	A_0	n	C_0
1	5.000	5	-71,98
2	5.000	6	661,84
3	6.000	7	328,94
4	4.000	6	1.661,84
5	5.000	7	1.328,94
6	6.000	6	-338,16
7	6.000	6	-338,16
8	4.000	5	928,02

Zu den aus der Simulation gewonnenen Kapitalwerten könnten noch der schlechteste (A_0 = 6.000, n = 5) C_0 = -1.071,98 und der beste Wert (A_0 = 4.000, n = 7) C_0 = 2.328,94 eingebunden werden (hierzu sind keine Simulationsläufe nötig). Von diesem, in der Literatur häufig vorgeschlagenen Vorgehen, wird jedoch abgesehen.

5. Schritt: Ermittlung der Häufigkeiten

Beginnend mit dem höchsten und endend bei dem niedrigsten Kapitalwert können die relativen und kumulierten relativen Häufigkeiten ermittelt werden:

C_0	Relative Häufigkeiten	Kumulierte relative Häufigkeiten
1.661,84	0,125	0,125
1.328,94	0,125	0,250
928,02	0,125	0,375
661,84	0,125	0,500
328,94	0,125	0,625
-71,98	0,125	0,750
-338,16	0,250	1,000

Schritt 6: Stabilitätsprüfung
Zur Überprüfung der Stabilität würden zusätzliche Simulationsläufe durchgeführt, hierauf wird jedoch verzichtet.

Schritt 7: Interpretation
62,5 % der Kapitalwerte sind positiv. Die Wahrscheinlichkeit einen negativen Kapitalwert zu erzielen, beträgt 37,50 %. 50 % der Kapitalwerte liegen über 661,84; 50 % liegen darunter, usw.

Zur Entscheidungsfindung ist auch bei der Risikoanalyse die Risikoneigung des Investors zu berücksichtigen. So würde ein risikoneutraler Entscheider den Erwartungswert aus den im 5. Schritt ermittelten Kapitalwerten und relativen Häufigkeiten berechnen. Da dieser mit $\mu = 520,16$ positiv ist, würde er das Vorhaben realisieren.

Ein Vorteil der Technik kann darin gesehen werden, daß Abhängigkeiten zwischen den einzelnen Inputvariablen berücksichtigt werden können. Problematisch ist jedoch die Prognose der Wahrscheinlichkeitsverteilungen für die unsicheren Variablen, dies gilt auch für die Festlegung der Abhängigkeiten zwischen den Variablen. Denn abgesehen von einem i.d.R. enormen Zeitaufwand, unterliegen diese Schätzungen ihrerseits der Unsicherheit.

5.4 Entscheidungsbaum-Verfahren

Im Unterschied zu den bislang erläuterten Verfahren zur Berücksichtigung unsicherer Erwartungen, erlangen die Entscheidungsbaumverfahren bei mehrstufigen Investitionsentscheidungen Bedeutung. Die Mehrstufigkeit des Problems kommt darin zum Ausdruck, daß mehrere Entscheidungen, zeitlich aufeinanderfolgend, gefällt werden müssen, wobei Folgeentscheidungen die Vorteilhaftigkeit vorheriger Entscheidungen verändern können. Das Ziel des Investors liegt in der Maximierung des Erwartungswerts des Kapitalwerts.

Der Entscheidungsbaum als graphische Unterstüzung in der Planungssituation soll nachfolgend exemplarisch dargestellt werden. Er beinhaltet Entscheidungssituationen (E) zwischen Handlungsalternativen zum Zeitpunkt t_0, z.B. Kauf der Anlage 1 (A_1) oder Anlage 2 (A_2), in Abbildung 5.2 durch

Rechtecke gekennzeichnet. Zufallsereignisse, z.B. hohe (N) oder niedrige Nachfrage (n), gekennzeichnet durch Elipsen, versehen mit den erwarteten Eintrittswahrscheinlichkeiten. Eine weitere Entscheidungssituation, ebenfalls durch Rechtecke gekennzeichnet, liegt in t_1 vor. Die Alternativen lauten: Nachrüstung der Anlage 1 (A_3) oder Unterlassung (A_4), begleitende Werbemaßnahme bei Anlage 1 (A_5) oder Verzicht hierauf (A_6), Kauf einer weiteren Anlage zu Anlage 2 (A_7) oder Unterlassung (A_8), Produktentwicklung für die zweite Anlage (A_9) oder Unterlassung (A_{10}). Schließlich finden sich am Ende der einzelnen Pfade, zum Zeitpunkt t_2, die auf den Zeitpunkt der Erstentscheidung abgezinsten Resultate der unterschiedlichen Strategien (R_S/q).

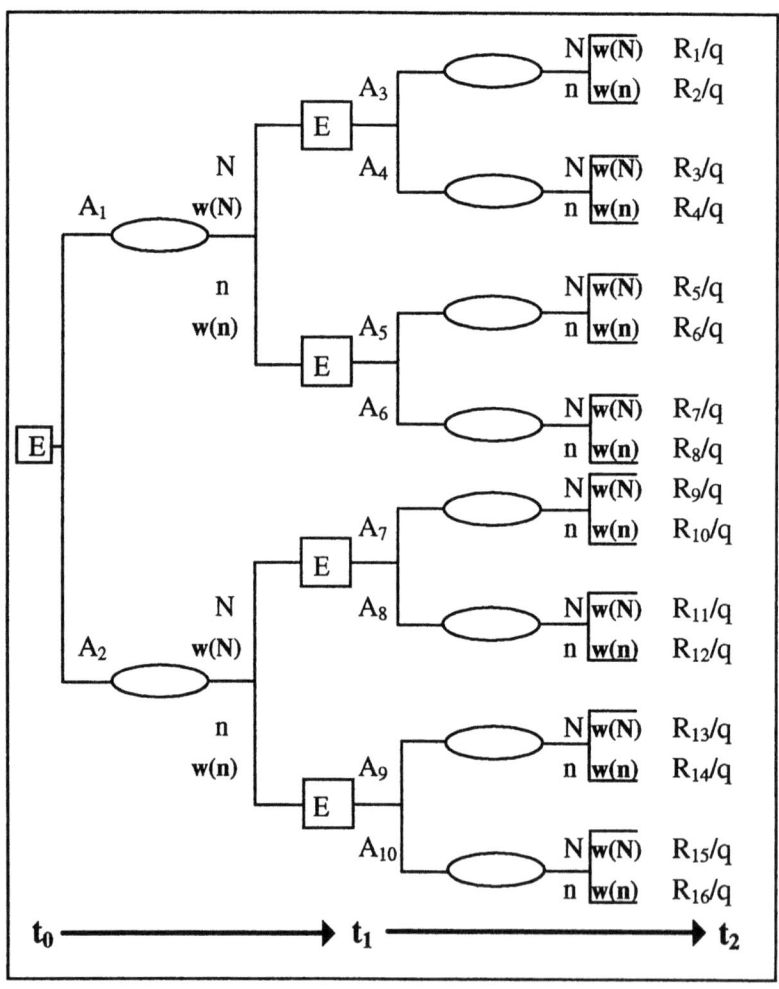

Abbildung 5.2: Entscheidungsbaum

Die Planung erfolgt üblicherweise im Roll-Back-Verfahren, d.h. ausgehend von t_1 werden zunächst die Ergebnisse der Alternativen in dieser Periode (A3 bis A10 in Abbildung 5.2) zu Kapitalwert-Erwartungswerten verrechnet und den Entscheidungen in t_1 zugeordnet. Anschließend erfolgt die gleiche Zuordnung von Erwartungswerten zu den Entscheidungen des Zeitpunkts t_0 (A1, A2 in Abildung 5.2), wobei nun zur Ermittlung der diesen Entscheidungen zuzuordnenden Kapitalwert-Erwartungswerten anstelle von abgezinsten Ergebnissen die zuvor den Entscheidungen in t_1 zugeordneten Kapitalwert-Erwartungswerte eingehen.

Optimal ist die Handlungsalternative in t_0, die dem risikoneutralen Investor den höchsten Kapitalwert-Erwartungswert erbringt.

Beispiel 5.6: Mehrstufige Investitionsentscheidung

Die Struktur einer mehrstufigen Investitionsentscheidung entspricht der Abbildung 5.2. Der zeitliche Anfall von Zahlungen (Anschaffungsauszahlungen in t_1, Einzahlungsüberschüsse in t_1 und t_2) wurde bereits durch Diskontierung der Werte adäquat berücksichtigt. Die bereits abgezinsten Resultate betragen:

R_1	R_2	R_3	R_4	R_5	R_6	R_7	R_8
100	40	70	60	80	40	80	30
R_9	R_{10}	R_{11}	R_{12}	R_{13}	R_{14}	R_{15}	R_{16}
50	10	30	20	40	20	30	10

Der Einfachheit halber liegt der Wert aller Wahrscheinlichkeiten bei 0,5.

Bei Realisation einzelner Entscheidungen fallen folgende (abgezinste) Anschaffungsauszahlungen an:

Entscheidung	A_1	A_2	A_3	A_5	A_7	A_9
Anschaffungsauszahlung	30	20	10	6	20	5

Kapitalwert-Erwartungswerte der Entscheidungen in t_1:
1. A_3 oder A_4: Nachrüstung der Anlage oder Unterlassung?
Der Kapitalwert-Erwartungswert der Alternative 3 beträgt:

0,5 x 100 + 0,5 x 40 - 10 = 60, der Abzug erfolgt aufgrund der mit Alternativenwahl einhergehenden Anschaffungsauszahlung. Der Kapitalwert-Erwartungswert der 4. Alternative beträgt: 0,5 x 70 + 0,5 x 60 = 65. Damit ist A_4 vorteilhaft.
2. A_5 oder A_6: Werbemaßnahme oder nicht?
Der Kapitalwert-Erwartungswert der Alternative A_5 beträgt 54, der der Alternative A_6 ergibt sich zu 55. Damit ist A_6 vorteilhaft.
3. A_7 oder A_8: Kauf einer weiteren Anlage oder Verzicht?
Der Kapitalwert-Erwartungswert liegt bei 10 (25) für die 7. (8.) Alternative. Damit ist A_8 vorteilhaft.
4. A_9 oder A_{10}: Produktentwicklung oder Verzicht hierauf?
Für A_9 resultiert ein Wert von 25, für A_{10} ein Wert von 20, damit ist A_9 vorteilhaft.

<u>Kapitalwert-Erwartungswerte der Entscheidungen in t_0:</u>
Der der Alternative 1 zuzuordnende Kapitalwert-Erwartungswert beträgt unter Berücksichtigung, daß bei hoher Nachfrage die Alternative 4, bei geringer Nachfrage die Alternative 6 ergriffen würde: 0,5 x 65 + 0,5 x 55 - 30 = 30. Der Wert der 2. Alternative liegt bei 25. Da der Kapitalwert-Erwartungswert bei Erwerb der ersten Anlage höher ist als bei Erwerb der zweiten, sollte Anlage 1 gekauft werden.

Das vorgestellte Entscheidungsbaumverfahren entspricht dem Prinzip der flexiblen Panung, die Entscheidungsfindung zu zukünftigen Zeitpunkten hängt von den bis dahin eingetretenen Umweltzuständen (z.B. hohe oder niedrige Nachfrage) ab. Hierin liegt der Unterschied zur starren Planung, in welche die unterschiedlichen Umweltzustände nicht eingehen. Die starre Planung wird an dieser Stelle nicht näher erläutert.

Neben der Problematik der Bestimmung zukünftiger Zahlungen und Wahrscheinlichkeiten und dem Problem eines hohen Planungsaufwands bei mehreren Zeitpunkten und Alternativen unterstellt das Verfahren einen risikoneutralen Investor, der sich an der Maximierung des Erwartungswerts des Kapitalwerts orientiert.

5.5 Portfolio-Selection-Theorie

Die Portfolio-Selection-Theorie stellt einen weitverbreiteten Ansatz für Investitionsprogrammentscheidungen bei unsicheren Erwartungen dar. Im Vordergrund stehen dabei Diversifikationsüberlegungen. **Diversifikation bedeutet im hier darzulegenden Zusammenhang die Aufteilung eines heutigen Kapitalbetrags auf mehrere Investitionsalternativen.** Das Ziel der Diversifikation besteht darin, durch gleichzeitige Investition in mehrere Objekte die Kombination von Ertrag und Risiko gegenüber einer Investition in einzelne Objekte zu verbessern.

Als Investitionsobjekte werden im weiteren Verlauf Wertpapiere betrachtet. **Portfolio-Selection ist der gezielte Aufbau eines Portefeuilles, bestehend aus mehreren Aktien, Obligationen oder ähnlichen Kapitalmarkttiteln.**

Der Portfolio-Selection-Theorie liegen die folgenden Annahmen zugrunde:

- Es handelt sich um ein Ein-Perioden-Modell (t_0 bis t_1).
- Einem heutigen, sicheren Kapitalbetrag stehen unsichere Rückflüsse in t_1 entgegen denen Wahrscheinlichkeiten zugeordnet werden können.
- Der betrachtete Investor ist risikoscheu, d.h. er ist zu einem Verzicht auf Ertragsanteile zugunsten von Risikominderungen bereit.
- Maß für den Ertrag ist der Erwartungswert der Renditen (μ).
- Als Risikomaß werden die Streuungsparameter Standardabweichung (σ) bzw. Varianz (σ^2) der möglichen Renditen berücksichtigt. Risikoreduktion ist die Minimierung der Streuung.
- Die einzelnen Wertpapiere sind beliebig teilbar.

Die zunächst gesuchten (risiko-)effizienten Portefeuilles liegen dann vor, wenn jeweils aus der Menge der betrachteten Wertpapiermischungen keine andere Kombination bestimmt werden kann, für die gilt:

- gleiches μ bei geringerem σ, oder
- gleiches σ bei größerem μ, oder
- sowohl größeres μ als auch geringeres σ.

Ein optimales Portfeuille ist jenes effiziente Portefeuille, das dem Ausmaß der Risikoscheue des Investors entspricht.

Vor der Darlegung der Methoden zur Bestimmung eines effizienten, bzw. optimalen Portefeuilles sollen zunächst kurz die notwendigen statistischen Instrumente erläutert werden.

5.5.1 Statistische Grundlagen

Als Basis für die folgenden Erklärungen dient das nachstehende Beispiel. Die bei Kauf der betrachteten Aktien erzielbaren Renditen (r_j) setzen sich aus den jeweiligen Dividendenausschüttungen und den realisierten Kursgewinnen in t_1 im Verhältnis zu den jeweiligen Anschaffungsauszahlungen in t_0 zusammen.

Beispiel 5.7: Rendite-Erwartungswert zweier Aktien

Zwei Aktien A und B weisen die folgende Renditen (r_a und r_b) in Abhängigkeit der als möglich erachteten Umweltzustände (U_i) auf:

	U_1	U_2	U_3	U_4
w_i	0,25	0,25	0,25	0,25
r_{ia}	18 %	12 %	2 %	-12 %
r_{ib}	-6 %	2 %	10 %	18 %

Der Rendite-Erwartungswert für die Aktie A beträgt:

$\mu_A = 0{,}25 \times 18\ \% + 0{,}25 \times 12\ \% + 0{,}25 \times 2\ \% + 0{,}25 \times -12\ \%$

$\mu_A = 5\ \%$

Der Rendite-Erwartungswert der Aktie B (μ_B) ist 6 %.

Streuungsparametern kommt grundsätzlich die Aufgabe zu, Abweichungen der einzelnen Merkmalswerte von ihrem Lageparameter, wie dem arithmetischen Mittel oder dem Median (hier dem Rendite-Erwartungswert), anzugeben. Als Streuungsparameter werden neben der durchschnittlichen absoluten Abweichung oder dem Konzept der p-Quantile häufig die Standardabweichung und die Varianz verwandt.

Die Varianz ist die mittlere quadratische Abweichung vom Mittelwert, d.h.:

$$\sigma_j^2 = \sum_{i=1}^{n} w_i \times (r_{ij} - \mu_j)^2$$

Die Quadrierung der einzelnen Abweichungen erfolgt deswegen, weil sich die unquadrierten Abweichungen immer zu Null ergeben.

Für die beiden im Beispiel 5.7 genannten Aktien ergeben sich damit die folgenden Varianzen:

$\sigma_A^2 = 0{,}25 \, (18 - 5)^2 + 0{,}25 \, (12 - 5)^2 + 0{,}25 \, (2 - 5)^2 + 0{,}25 \, (-12 - 5)^2 = 129$
$\sigma_B^2 = 80$

Da große Abweichungen von einem mittleren Wert über die Quadrierung dazu führen können, daß sich die Dimension der Varianz gegenüber der eigentlichen Verteilung wesentlich erhöht, ergibt sich die Standardabweichung als Quadratwurzel der Varianz, womit das ursprüngliche Niveau der Merkmalswerte wieder erreicht wird:

$$\sigma_j = \sqrt{\sigma_j^2}$$

Die Standardabweichungen betragen für die Werte im Beispiel $\sigma_A = 11{,}36$ und $\sigma_B = 8{,}94$.

Bislang wurden eindimensionale Streuungsparameter betrachtet, die, bezogen auf das Beispiel 5.7, die Renditestreuungen für die einzelnen Aktien zum Gegenstand hatten. Mit der Kovarianz (cov) wird der Grad der Abhängigkeit zweier Verteilungen ermittelt. Sind die beiden betrachteten Zufallsvariablen (Renditen) voneinander stochastisch unabhängig, so ist ihre Kovarianz gleich Null.

$$\text{cov}_{r_A, r_B} = \sigma_{A,B} = \sum_{i=1}^{n} (r_{iA} - \mu_A) \times (r_{iB} - \mu_B) \times w_i$$

Die Kovarianz beträgt für die Renditen des Beispiels 5.7:

$\sigma_{A,B}$ = (18 - 5) x (-6 - 6) x 0,25 + (12 - 5) x (2 - 6) x 0,25 + (2 - 5) x (10 - 6) x 0,25 + (-12 - 5) x (18 - 6) x 0,25
$\sigma_{A,B}$ = -100

Werden in der Formel zur Kovarianz die Renditen der Aktie A ersetzt durch die Renditen der Aktie B, so erhält man die Varianz der Renditen der Aktie B und umgekehrt. Dieser Zusammenhang wird zur Normierung der Kovarianz verwandt, da diese niemals größer sein kann als die Multiplikation der Standardabweichungen beider Renditen. Die zwischen +1 und -1 normierte Kovarianz wird Korrelationskoeffizient (k) genannt. Die Normierung ist zweckmäßig, denn die oben ermittelte Kovarianz von -100 deutet zwar auf einen entgegengesetzten Zusammenhang der Renditen hin, gibt aber keinen Hinweis auf dessen Stärke.

$$k_{A,B} = \frac{\sigma_{A,B}}{\sigma_A \times \sigma_B}$$

Der Korrelationskoeffizient der Renditen im Beispiel 5.7 beträgt - 0,98, d.h. es besteht ein nahezu extrem gegenläufiger Zusammenhang der Renditen in den einzelnen Umweltzuständen. Im Hinblick auf den Aspekt der möglichen Risikoreduktion durch Mischung der Aktien im Portefeuille sollen abschließend die beiden möglichen Extremausprägungen von $k_{A,B}$ analysiert werden.

1. $k_{A,B} = 1$
Bei vollkommener positiver Korrelation der Renditen ist das Ziel der Diversifikation nicht erreichbar. Es besteht ein linearer Zusammenhang zwischen Risiko und Erwartungswert des Portefeuilles, das Portefeuille-Risiko kann nicht unter das Niveau des kleinsten Einzelrisikos gesenkt werden.

2. $k_{A,B} = -1$
Bei perfekter negativer Korrelation kann das Risiko des Portefeuilles durch Diversifikation vollständig ausgeräumt werden. Allerdings existiert hierzu nur eine einzige Kombination der Anteile der einzelnen Aktien.

5.5.2 Bestimmung eines optimalen Portefeuilles

Wie bereits erwähnt, ist bei der Suche nach einem optimalen Portefeuille zunächst die Menge der effizienten Wertpapiermischungen zu bestimmen. Hierzu sind zuvor Methoden zur Quantifizierung der Portfeuillerendite und des Portefeuillerisikos in Fortführung der in 5.5.1 dargelegten Instrumente zu erläutern.

Die Rendite eines Portefeuilles (μ_P) ist das gewogene arithmetische Mittel der Renditen der einzelnen Investitionsobjekte, als Gewichtungsfaktoren dienen ihre Portefeuille-Anteile (x_i), wobei weiterhin vom 2-Wertpapierfall (Aktie A und B) ausgegangen wird:

$$\mu_P = x_A \times \mu_A + x_B \times \mu_B$$

Das Risiko eines Portefeuilles hängt neben der Streuung der einzelnen Wertpapiere auch von ihrer gemeinsamen Streuung, der Kovarianz ab und ist daher nicht auf dem Wege einfacher Gewichtung der Einzelstreuungen bestimmbar. Das Portefeuillerisiko wird als Standardabweichung geführt:

$$\sigma_P = \sqrt{x_A^2 \times \sigma_A^2 + x_B^2 \times \sigma_B^2 + 2 \times x_A \times x_B \times \sigma_A \times \sigma_B \times k_{A,B}}$$

Für das Beispiel 5.7 werden nachfolgend die Renditen und Standardabweichungen für unterschiedliche Portefeuille-Zusammensetzungen ermittelt.

Beispiel 5.8: Portefeuillerendite und -risiko

Die Portefeuillerendite und das Risiko sind für das Mischungsverhältnis P_1 (P_2) mit x_A = 0,5 (0,25) und x_B = 0,5 (0,75) der Aktien aus Beispiel 5.7 zu bestimmen.

μ_{P1} = 0,5 x 5 % + 0,5 x 6 % = 5,5 %

σ_{P1} = (0,25 x 129 + 0,25 x 80 + 2 x 0,5 x 0,5 x 11,36 x 8,94 x -0,98)$^{1/2}$

σ_{P1} = 1,5 (gerechnet mit Aufrundungen = 1,58)

μ_{P2} = 5,75 %

σ_{P2} = 3,94 (gerechnet mit Aufrundungen = 3,97)

Das 2. Portefeuille bietet folglich die höhere Rendite bei höherem Risiko. Beide Portefeuilles bieten gegenüber einer Investition in einzelne Aktien (A oder B) das niedrigere Risiko. Im Vergleich zur (ineffizienten) Investition in A ist eine Investition in P_1 oder P_2 rentabler.

Zur Bestimmung der effizienten Portefeuilles wird im folgenden das Ausgangsbeispiel 5.7 in der Form variiert, daß der Aktie A anstelle des Werts B die Werte C (korreliert vollständig positiv) und D (korreliert vollständig negativ) gegenübergestellt werden.

a) Vollständig positive Korrelation

Beispiel 5.9: Die Renditen der Aktien A und C korrelieren mit k = 1.

	U_1	U_2	U_3	U_4
w_i	0,25	0,25	0,25	0,25
r_{iA}	18 %	12 %	2 %	-12 %
r_{iC}	9 %	6 %	1 %	-6 %

μ_A	=	5 %	μ_C	=	2,5 %
σ^2_A	=	129	σ^2_C	=	32,25
σ_A	=	11,36	σ_C	=	5,68
$\sigma_{A,B}$	=	64,5	$k_{A,C}$	=	1

Rendite und Risiko ausgewählter Portefeuilles:

	P_1	P_2	P_3	P_4	P_5
x_A	3/4	2/3	1/2	1/3	1/4
x_C	1/4	1/3	1/2	2/3	3/4
μ_{Pi}	4,375	4,167	3,750	3,333	3,125
σ_{Pi}	9,94	9,46	8,52	7,57	7,10

Das Risiko des Portefeuilles kann nicht unter das Niveau des kleinsten Einzelrisikos (hier σ_C = 5,68) gesenkt werden. In der folgenden Abbildung 5.3 zeigt sich der bestehende lineare Zusammenhang:

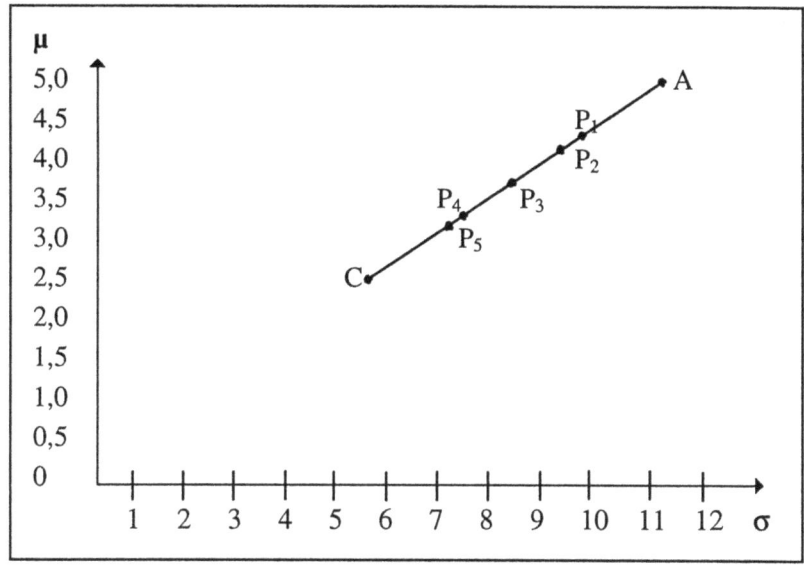

Abbildung 5.3: Korrelationskoeffizient von +1 der Renditen zweier Aktien

Alle auf der Geraden abgetragenen Portefeuilles sind effizient. Risikoreduktion duch die Nutzung von Diversifikationseffekten ist nicht möglich.

b) Vollständig negative Korrelation

Beispiel 5.10: Die Renditen der Aktien A und D korrelieren mit k = -1.

	U_1	U_2	U_3	U_4
w_i	0,25	0,25	0,25	0,25
r_{ia}	18 %	12 %	2 %	-12 %
r_{iD}	2 %	8 %	18 %	32 %

μ_A = 5 % $\qquad$ μ_D = 15 %

σ^2_A = 129 $\qquad$ σ^2_D = 129[6]

σ_A = 11,36 $\qquad$ σ_D = 11,36

$\sigma_{A,D}$ = -129 $\qquad$ $k_{A,D}$ = -1

---

[6] Zur Erlangung einer vollständig negativen Korrelation müssen sich die Streuungen der einzelnen Verteilungen nicht zwingend entsprechen.

Rendite und Risiko ausgewählter Portefeuilles:

	P_1	P_2	P_3	P_4	P_5
x_A	3/4	2/3	1/2	1/3	1/4
x_D	1/4	1/3	1/2	2/3	3/4
μ_{Pi}	7,50	8,33	10,00	11,66	12,50
σ_{Pi}	5,68	3,79	0	3,79	5,68

Es existiert eine Mischung (hier P_3) die dem Investor fehlendes Risiko beschert. Diese kann bei einer 50 %-Verteilung liegen, sie muß es jedoch nicht. Sofern ein Korrelationskoeffizient von -1 existiert, sind die Anteile x_A und x_D, die zu einem Portefeuille mit fehlendem Risiko führen, nach folgendem Ansatz zu bestimmen:

$$x_A = \frac{\sigma_D}{\sigma_A + \sigma_D} \quad \text{und} \quad x_D = 1 - x_A$$

In der folgenden Abbildung 5.4 liegen die ineffizienten Kombinationen auf dem unterbrochenen, die effizienten auf dem durchgezogenen Teil des Graphs.

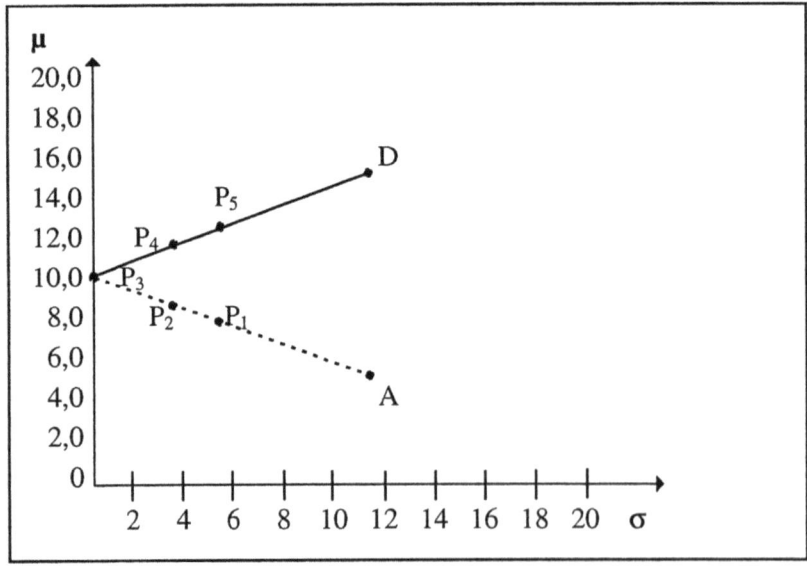

Abbildung 5.4: Korrelationskoeffizient von -1 der Renditen zweier Aktien

Alle Wertpapiermischungen unterhalb von P₃ sind nicht effizient, da sie bei gleichem Risiko gegenüber den darüberliegenden Portefeuilles Renditenachteile beinhalten. Eine vollständig negative Korrelation der Renditen zweier Wertpapiere führt nicht zwangsläufig zur Auswahl des risikolosen Portefeuilles, denn ob dieses in der Entscheidungssituation das optimale ist, ist abhängig vom Grad der Risikoscheue des Entscheiders.

Bei der Zusammenstellung effizienter Portefeuilles stellen die beiden bislang behandelten Korrelationen sicherlich Extremfälle dar. Reale Beziehungen zwischen den Renditen einzelner Wertpapiere liegen im Bereich -1 bis +1. Der Verlauf des Portefeuille-Graphen ergibt sich in diesen Fällen als geschwungene Linie zwischen den µ-σ-Positionen der einzelnen Aktien. In der Abbildung 5.5 findet sich nun neben der Aktie A die neue Aktie E, die Renditen der Papiere korrelieren mit $-1 < k_{A,E} < 1$. Die schwach gekennzeichneten Verläufe stehen stellvertretend für die bereits behandelten Extremfälle, die unterbrochenen Linien stellen jeweils die ineffizienten Bereiche dar.

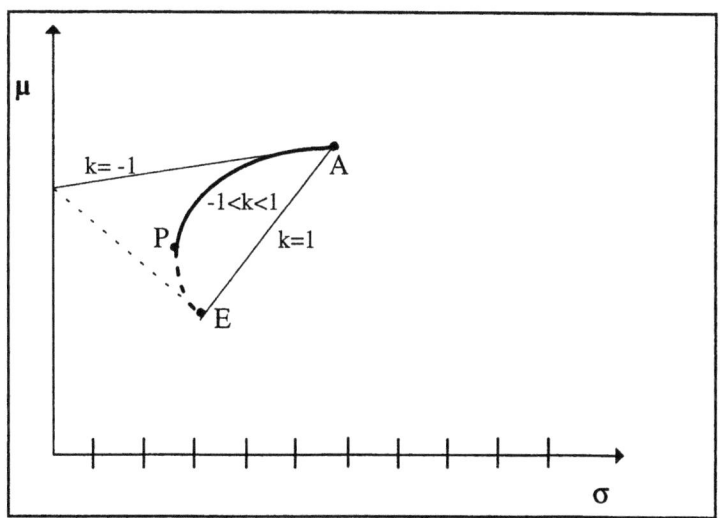

Abbildung 5.5: Risiko-Rendite-Verläufe bei unterschiedlicher Korrelation

Das dargestellte Portefeuille P stellt das risikominimale unter den effizienten Wertpapiermischungen dar. Portefeuilles unterhalb von P sind ineffizient, da sie bei gegebenem Risiko die geringere Rendite gegenüber den Portefeuilles oberhalb von P aufweisen. Die Höhe des Korrelationskoeffizienten determiniert die Krümmung der Kurve. Je näher dieser an +1 (-1) liegt, desto stärker nähert sich die Kurve der rechtsliegenden Geraden (bzw. dem Verlauf für die vollständig negative Korrelation).

Wenn bei einer gegebenen Beziehung der Renditen die Menge der effizienten Portefeuilles bekannt ist, ist hieraus das optimale zu bestimmen.

Die Risikoneigung eines Investors wird üblicherweise mit der individuellen Risikopräferenzfunktion $\Phi_i(\mu,\sigma)$ zum Ausdruck gebracht. Sie gibt das für ihn gültige Austauschverhältnis von Risiko und Ertrag (hier Rendite) an. Für einen risikoscheuen Entscheider gilt, daß er wachsendes Risiko nur akzeptiert, wenn auch die zu erwartende Rendite zunimmt. Alle Punkte auf den folgenden Isonutzenkurven (Indifferenzkurven) stehen stellvertretend für jene Kombinationen von Risiko und Rendite, die dem Investor den gleichen Nutzen stiften. So ist er ohne Nutzenverzicht zum Übergang von μ_1,σ_1 auf μ_2,σ_2 bereit, präferiert jedoch μ_3,σ_3, da diese Kombination auf einem höheren Nutzenniveau liegt, er erreicht dort einen gegenüber μ_1,σ_1 gleichen Rendite-Erwartungswert, bei jedoch geringerem Risiko.

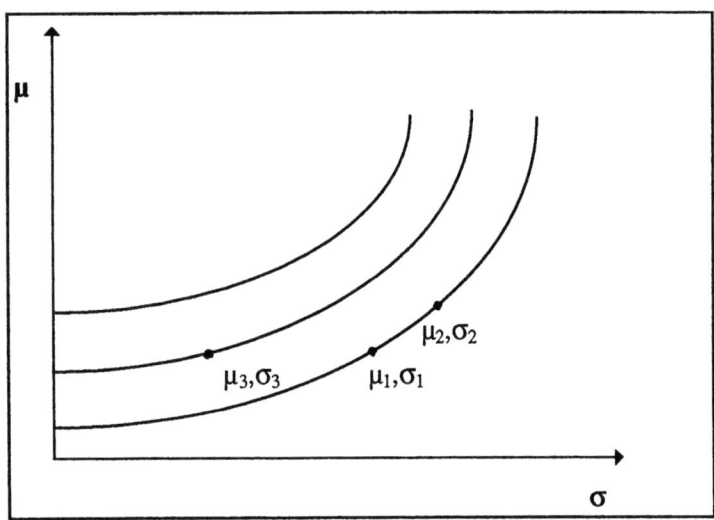

Abbildung 5.6: Risikopräferenzfunktion eines Investors

Je steiler der Verlauf der einzelnen Indifferenzkurven, desto höher ist der Grad der Risikoscheue des Investors. Das optimale Portefeuille kann nun graphisch bestimmt werden (von einer aufwendige rechnerische Ermittlung wird abgesehen). Es ist jene Wertpapiermischung, bei der die am weitesten vom Ursprung entfernte Indifferenzkurve die Linie der effizienten Portefeuilles tangiert (nachfolgend dargestellt für den Fall -1 < k < 1).

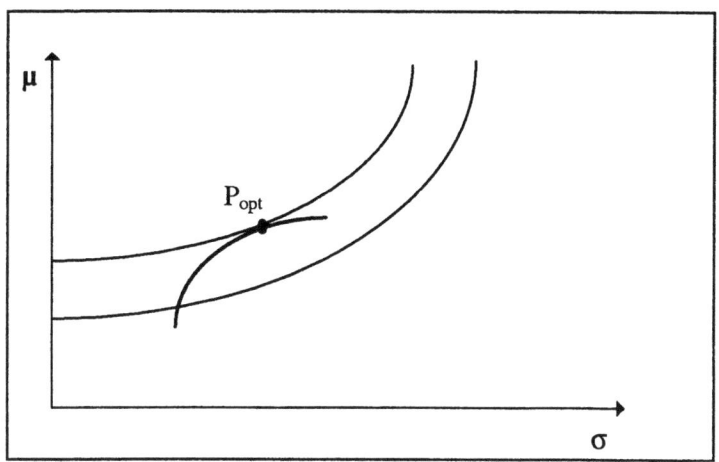

Abbildung 5.7: Optimales Portefeuille

Bei Integration einer dritten Aktie, deren erwartete Renditen weder vollständig positiv, noch vollständig negativ mit denen der beiden anderen Aktien korreliert ist, erhöht und verändert sich die Menge bislang effizienter Portefeuilles. Die Aufnahme eines weiteren Wertpapiers führt zur Verlagerung der weiterhin konkaven Linie effizienter Wertpapiermischungen (efficient frontier) nach links oben, d.h. eine weitere Ausnutzung des Diversifikationseffekts führt zur weiteren Risikoreduktion.

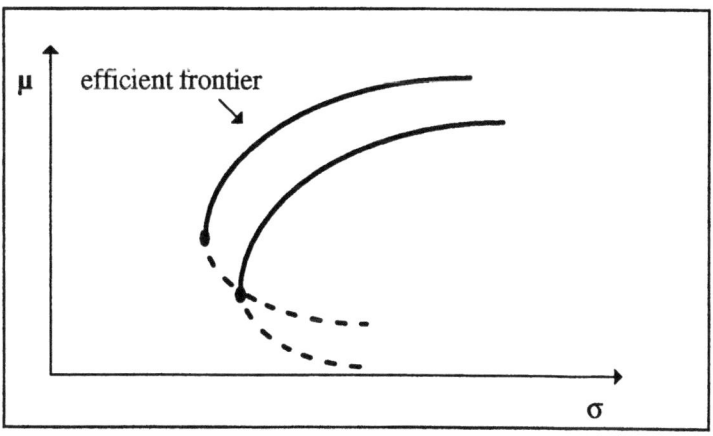

Abbildung 5.8: Effiziente Portefeuilles für 3 Aktien

5.5.3 Berücksichtigung einer sicheren Anlagemöglichkeit

Unter Berücksichtigung eines risikolosen Wertpapiers (besser: risikolos erscheinendes Wertpapier), wie z.B. einer festverzinslichen Bundesanleihe, besteht das Portefeuilles des Investors aus einem risikobehafteten Teil x_A und einem risikolosen Anteil 1- $x_A = x_S$.

Die Bestimmung des optimalen Portefeuilles (Mischportefeuille) erfolgt in zwei Schritten, weshalb das Verfahren als Separationstheorem (nach J. Tobin) bekannt ist:

- Unabhängig vom Grad der Risikoaversion des Investors wird das einzige, zugleich optimale Aktienportefeuille bestimmt.
- Die Zusammenstellung des optimalen Mischportefeuilles erfolgt unter Berücksichtigung der Risikoneigung des Investors.

Da das Risiko des in die sichere Anlagevariante investierten Kapitals (bei konstantem μ_S) annahmegemäß Null ist, wird das Risiko des Mischportefeuilles determiniert über seinen Aktienanteil.

Aus 5.5.2 folgt bei Nullsetzung der betroffenen Ansatzbestandteile (σ_S und $k_{A,S}$):

$$\sigma_{MP} = \sqrt{x_A^2 \times \sigma_A^2 + x_S \times 0 + 0} \qquad \text{mithin:}$$

$$\sigma_{MP} = x_A \times \sigma_A$$

Der Ertrag des Mischportefeuilles setzt sich zusammen aus einem risikolosen Ertragsanteil (μ_S) und einer Risikoprämie (μ_A):

$$\mu_{MP} = x_A \times \mu_A + x_S \times \mu_S$$

Da x_S = 1 - x_A, kann x_A als Risikomaß betrachtet werden. Alle Kombinationen der risikofreien und risikobehafteten Anlagemöglichkeiten (Aktienportefeuilles) liegen somit auf Geraden, ausgehend von μ_S bis zu den Aktienportefeuilles der efficient frontier.

Dabei weist die Gerade, welche die efficient frontier eben noch tangiert die effizienten Mischportefeuilles auf (vgl. Abbildung 5.9).

Welches der Mischportefeuilles auf dieser Geraden für einen Investor optimal ist, ist abhängig vom Grad seiner Risikoscheue. Im Extremfall eines sehr risikoscheuen Entscheiders erfolgt die Auswahl der sicheren Anlage. Ein wenig risikoscheuer Investor verzichtet auf die Aufnahme der risikofreien Kapitalanlage und wählt das Aktienportefeuille.

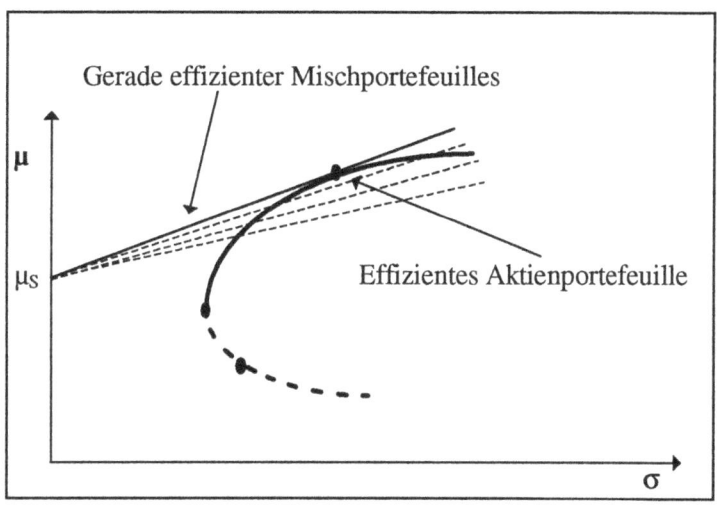

Abbildung 5.9: Effiziente Mischportefeuilles

Wird ein vollkommener Kapitalmarkt zugrunde gelegt, so hegen alle Marktteilnehmer homogene Erwartungen bezüglich der in das Modell eingehenden Variablen, wie Renditen oder Risiken. Das in Abbildung 5.9 hervorgehobene effiziente Aktienportefeuille stellt das einzige effiziente Aktienportefeuille für alle Investoren dar (Marktportefeuille). Hierbei ist es, bei äußerst niedriger Risikoscheue, sogar denkbar, daß ein Investor zusätzlich zu seinen eigenen Mitteln Fremdkapital (zum einheitlichen Marktzins) aufnimmt, um in das Aktienportefeuille zu investieren (Positionen auf der Gerade effizienter Mischportefeuilles rechts vom Tangentialpunkt der Geraden mit der efficient frontier).

Die Kern des Separationstheorems soll zusammenfassend nochmals deutlich gemacht werden: Bei der Möglichkeit der Investition in eine sichere Anlage ist das optimale Aktienportefeuille unabhängig von der Risikoneigung des Investors.

Die Portfolio-Selection-Theorie weist Annahmen auf, die ihre praktische Anwendung sicherlich erschweren. So ist beispielsweise die Bestimmung von künftigen Renditen und Risiken einzelner Investitionsobjekte oder die Ermittlung der Risikopräferenzfunktion des Entscheiders in vielen Fällen problematisch und zeitaufwendig. Dennoch bildet die Portfolio-Selection-Theorie die Grundlage praktischen Portfoliomanagements, denn sie beinhaltet einen sehr interessanten Zusammenhang. Ein Investor, auf der Suche nach einem risikominimalen Investitionsprogramm, sollte nicht ausschließlich risikoarme Anlagen erwägen, vielmehr ist, auch unter dem Gesichtspunkt einer möglichst hohen Rendite, ein Investitionsprogramm zu bestimmen, dessen erwartete Renditen der einzelnen Objekte möglichst wenig gemeinsam streuen.

In diesem Kapitel wurde Ansätze vorgestellt, die, ausgehend von statischen oder dynamischen Investitionskalkülen, jeweils einen Versuch darstellen, mit dem Problem unsicherer Erwartungen zu operieren. Hierbei sollte deutlich geworden sein, daß ein „perfektes" Verfahren nicht existiert. Die präsentierten Verfahren sind in erster Linie dazu geeignet, erhöhte Transparenz in der Entscheidungsphase zu erhalten. Dies kann bereits, aufgrund der Bedeutung zahlreicher Investitionsvorhaben, als wesentlicher Vorteil betrachtet werden.

Übungsaufgaben zum 5. Kapitel

Aufgabe 5.1
Erläutern Sie das Konstrukt des Sicherheitsäquivalents. Gehen Sie dabei auch auf das Verhältnis von Sicherheitsäquivalent und Erwartungswert ein.

Aufgabe 5.2
Legen Sie das Prinzip der Korrekturverfahren dar und nehmen Sie anschließend zu dieser Methode kritisch Stellung.

Aufgabe 5.3
Nennen Sie drei exemplarische Fragestellungen, zu deren Beantwortung das Prinzip der Sensitivitätsanalyse genutzt werden kann.

Aufgabe 5.4

Bestimmen Sie die über die Nutzungsdauer gleichbleibenden kritischen Mengen pro Periode für das folgende Investitionsvorhaben.

Anschaffungsauszahlung: DM 50.000
Nutzungsdauer: 4 Jahre
Verkaufspreis: DM 15,- / Stück
Auszahlungen: DM 8,- / Stück

Legen Sie bei Ihrer Analyse das Kapitalwertkalkül zugrunde (i = 10 %).

Aufgabe 5.5

Die Auswirkung einer Inputvariation auf den Kapitalwert wurde graphisch festgehalten. Dabei zeigt die Gerade zur Inputgröße „Verkaufspreis" eine größere Steigung als die zur Variablen „Anschaffungsauszahlung". Was bedeutet dies für das vorliegende Entscheidungsproblem?

Aufgabe 5.6

Ein Investitionsobjekt verursacht eine Anschaffungsauszahlung von 120.000. Der risikoneutrale Investor kalkuliert mit einem Kalkulationszinsfuß von 8 % und rechnet mit jährlichen Einzahlungsüberschüssen von 40.000,-. Als unsichere Variable betrachtet er die Nutzungsdauer (zwischen 3 und 6 Jahren). Der Investor verfolgt das Ziel der Kapitalwertmaximierung. Er geht hinsichtlich der möglichen Nutzungsdauern von folgender diskreter Wahrscheinlichkeitsverteilung aus:

Nutzungsdauer	3	4	5	6
w_i	0,4	0,3	0,2	0,1

Ein Zufallsgenerator trifft eine Auswahl aus 10 Zahlen (1-10), die den möglichen Nutzungsdauern aufsteigend gemäß des Wahrscheinlichkeitsurteils zuzuordnen sind. Das Ergebnis von 100 Läufen lautet:

12 x Zahl 1   10 x Zahl 2   9 x Zahl 3   13 x Zahl 4   10 x Zahl 5   6 x Zahl 6
11 x Zahl 7   11 x Zahl 8   8 x Zahl 9   10 x Zahl 10.

a) Zeigen Sie anhand des Beispiels die 7 Stufen der Risikoanalyse auf.

b) Kritisieren Sie die Methode.

Aufgabe 5.7
Erläutern Sie die wesentlichen Annahmen und den Anwendungsbereich für das Entscheidungsbaumverfahren.

Aufgabe 5.8
Welche Annahmen über die Risikoneigung des Entscheiders liegt dem Entscheidungsbaumverfahren bzw. der Portfolio-Selection-Theorie zugrunde?

Aufgabe 5.9
Diskutieren Sie die Annahmen der Portfolio-Selection.

Aufgabe 5.10
Was verstehen Sie unter einem effizienten (optimalen) Portefeuille?

Aufgabe 5.11

a) Warum wird das Portfeuillerisiko nicht, ähnlich der Portefeuillerendite, über die Addition der gewichteten Einzelstreuungen bestimmt?

b) Wie kann das Portefeuille mit fehlendem Risiko bei einer Korrelation der Renditestreung im 2-Aktien-Fall von -1 bestimmt werden? Wählt jeder risikoscheue Investor diese Wertpapiermischung?

Aufgabe 5.12

Einem Unternehmer bietet die Bank eine Investition in die beiden Aktien A und B an. Er hält 4 Umweltzustände für gleichwahrscheinlich und ordnet den beiden Wertpapieren folgende Renditen zu. A: 16 % / -1 % / 8 % / -3 % und B: -11 % / -2 % / 13 % / 25 %.

a) Bestimmen Sie die Rendite-Erwartungswerte und die Standardabweichungen für beide Aktien.

b) Berechnen Sie die Kovarianz und den Korrelationskoeffizienten.

c) Errechnen Sie die Rendite-Erwartungswerte und das Risiko der Portefeuilles 1 ($x_A = 1/3$, $x_B = 2/3$) und 2 ($x_A = 2/3$, $x_B = 1/3$).

Aufgabe 5.13
Bestimmen Sie graphisch das optimale Portefeuille unter der Voraussetzung, daß die Renditen zweier zu berücksichtigender Aktien mit -0,8 korrelieren (Skizze genügt).

Aufgabe 5.14
Bestimmen Sie graphisch das effiziente Aktienportefeuille für den Fall der Integration einer sicheren Anlagemöglichkeit.

Aufgabe 5.15
Welcher fundamentale Unterschied bei der Bestimmung des (der) effizienten Portefeuilles resultiert aus der Integration eines Wertpapiers mit sicheren Zinszahlungen gegenüber dem Fall reiner Aktienportefeuilles?

Tips zur Lösung der Übungsaufgaben

Aufgabe 2.1

	Objekt 1:	Objekt 2:
a) Durchschnittliche Periodenkosten:	DM 169.700	DM 171.480

Damit ist 1 das optimale, weil kostengünstigere Objekt.

Die kalkulatorischen Abschreibungen des zweiten Objekts errechnen sich über die Zugrundelegung einer Nutzungsdauer von 8 Jahren!

	Objekt 1:	Objekt 2:
b) Durchschnittliche Gewinne:	DM 40.300	DM 46.520

Damit ist 2 das optimale, weil gewinnmaximale Objekt.

Umsatz (= Verkaufspreis x Absatzmenge) - Gesamtkosten = Gewinn.

	Objekt 1:	Objekt 2:
c) Durchschnittliche Stückkosten:	DM 16,97	DM 16,43

Damit ist 2 das optimale Objekt, da es die geringeren Stückkosten aufweist.

Bei der Ermittlung der Fixkosten/Stück ist die jeweilige Produktionsmenge zu berücksichtigen.

Aufgabe 2.2

		Neue Anlage:	Alte Anlage:
a)	Gesamtkosten/Periode:	DM 65.200	DM 47.114

Bei jeder Produktionsmenge ist die alte Anlage kostengünstiger.

Zur Lösung genügt ein Plausibilitätsansatz, vergleichen Sie die Kosten.

c) Strategie-Nr.:   Durchschnittlicher Jahresgewinn:

1	DM 6.040,80
2	DM 34.880,80
3	DM 41.200,00
4	DM 45.215,80
5	DM 37.520,00

Die vierte Strategie ist gewinnmaximal.

Es ist jeweils darauf zu achten, daß der Engpaßfaktor bestimmt und quantifiziert wird. Er kann entweder im Produktionsbereich (Kapazität) oder im Absatzbereich (maximaler Absatz) liegen.

Wie bei der Gewinnvergleichsrechnung üblich, wird ein durchschnittlicher Gewinn des Betrachtungszeitraums verglichen.

Bei der vierten Strategie ist der Maschinenbelegungsplan von Bedeutung.

Bei der fünften Strategie sind doppelte Fixkosten zu bedenken.

Aufgabe 2.3

Anlage:	Fad	Techno
Gewinn/Periode:	DM 1.000	DM 1.200
Rentabilität:	12 %	10 %

Kalkulatorische Zinsen bleiben bei der Rentabilitätsvergleichsrechnung unberücksichtigt, d.h. wurden sie zuvor zur Ermittlung eines angegebenen Gewinns in Abzug gebracht, so sind sie nun zum Gewinn zu addieren.

Die am häufigsten verwandte Rentabilitäts-Berechnungsvariante legt die Hälfte des Kapitaleinsatzes zugrunde.

Aufgabe 2.5

Der Amortisationszeitpunkt beträgt 4,86 Perioden.

Die angegebenen Gewinne sind in Rückflüsse zu transformieren. Hierzu müssen 20 % der Kosten zu den Gewinnen addiert werden.

Aufgabe 3.3

Die Zinsen betragen DM 4.384,65.

Die Zinsen entsprechen nicht dem Endkapital.

Aufgabe 3.4

a) Der Zinssatz für die letzten 10 Jahre betrug 3,44 %.

Zunächst ist das Endkapital nach 12 Jahren zu bestimmen, anschließend kann die Ermittlung des Zinssatzes für die letzten 10 Jahre nach der angegebenen Renditeformel erfolgen.

Aufgabe 3.7

a) Der Kapitalwert beträgt 73.071,66.

Im Unterschied zur Anschaffungsauszahlung, die sofort anfällt, ist der erste Einzahlungsüberschuß dem Ende der ersten Periode (= t_1) zuzuordnen.

b) Der Kapitalwert beträgt -1.159,15.

Es ist darauf zu achten, daß die jeweiligen Zahlungen periodengenau abgezinst werden. Zur Verdeutlichung eignet sich eine Skizze des zeitlichen Ablaufs: t_0--------t_1--------t_2--------t_3--------t_4--------t_5 ...

Aufgabe 3.10

Der Kapitalwert der Alternative „Unterlassung der Errichtung einer Niederlassung" beträgt 380.627,34. Der Kapitalwert der Alternative „Errichtung einer Niederlassung" beträgt 401.550,37.

Die Auszahlungen/Jahr bei „Unterlassung" („Errichtung") belaufen sich auf insgesammt 58.000 (47.500).

Einzahlungsreihe „Unterlassung" ab t_1: 130.000, 136.500, 143.325,...,
Einzahlungsreihe „Errichtung" ab t_1: 140.000, 149.800, 160.286,...,

Aufgabe 3.11

Der Kapitalwert beträgt 28.467,15.

Der Abzinsungsfaktor der Netto-EZÜ beträgt $1,04^t$.

Aufgabe 3.14

Nur im Falle von Wiederanlagemöglichkeiten zu 100 bzw. 200 %.

Offensichtlich wird die Problematik bei Wiederanlage zum angegebenen Kalkulationszinssatz.

Aufgabe 3.17

a) Der optimale Ersatzzeitpunkt liegt am Ende der 2. Periode.

Zunächst ist die optimale Nutzungsdauer der Folgeinvestition zu bestimmen.

Einzahlungsreihe, beginnend bei t_1: 1.600, 1.440, 1.296,...,
Auszahlungsreihe, beginnend bei t_0: 2.000, 800, 880, 968,...,

Aufgabe 3.18

b) Der Vermögensendwert beträgt 14.311,91.

In der 5. Periode ist der niedrigere Habenzinssatz relevant.

Aufgabe 3.19

d) Die Kapitalwerte betragen 20,28/6,03 für das 1./2. Objekt.

Zur ursprünglichen Zahlungsreihe ist die Zahlungsreihe der Finanzierungsmaßnahme zu addieren und aus dieser dann der Kapitalwert zu bestimmen.

Aufgabe 4.1

b) Die beiden nach dem Kapitalwertratenansatz bestimmten Vorhaben 2 und 4 stellen nicht das optimale Programm dar.

Kombinieren Sie die Alternativen 2/4/6 oder 1/4.

Aufgabe 4.4

$$3.008{,}26\, x_1 + 1.764{,}46\, x_2 \longrightarrow \text{Max !}$$
$$8.000\, x_1 + 6.500\, x_2 \leq 8.000$$
$$8.800\, x_1 \leq 8.000$$
$$x_1 \geq 0$$
$$x_2 \geq 0$$

Zunächt sind Variablen für die Anteile an den Vorhaben zu formulieren.

Aufgabe 5.4

Die kritische Menge beträgt 2.253,36 pro Periode.

Nutzen Sie das Instrumentarium der Rentenrechnung.

Aufgabe 5.6

a) 56 % der gewonnenen Kapitalwerte sind positiv.

Die Zuordnung der Zufallszahlen 1-10 zu den möglichen Nutzungsdauern sollte aufsteigend vor dem Hintergrund des Wahrscheinlichkeitsurteils erfolgen (z.B. für n = 3 die Zufallszahlen 1,2,3,4).

Musterlösungen zu den Übungsaufgaben des 1. Kapitels

Aufgabe 1.1
Eine Investition stellt eine Geld- oder Mittelverwendung dar. Es verbergen sich dahinter inhaltlich sowohl das reale Investitionsobjekt, als auch die zu seiner Beschaffung notwendige Anschaffungsauszahlung.

Aufgabe 1.2
Investitionskalküle dienen der Vorbereitung der Investitionsentscheidung, mittels dieser Verfahren erfolgt eine rechnerische Ermittlung der monetären Vorteilhaftigkeit von Investitionsvorhaben.

Aufgabe 1.3

	Anlage-, Finanz- oder immaterielle Investition	Gründungs-, Erweiterungs- oder Ersatzinvestition	Funktionsbereich
a)	Anlageinvestition	Ersatz-/Erweiterungsinvestition	Fertigung
b)	Finanzinvestition	Ersatzinvestition	Finanzen
c)	Anlageinvestition	Erweiterungsinvestition	Finanzen
d)	Immaterielle Investition	Erweiterungsinvestition	Absatz/Marketing
e)	Anlageinvestition	Gründungsinvestition	Absatz/Marketing

Aufgabe 1.4
- Einzelinvestitionsentscheidung
- Auswahlentscheidung
- Nutzungsdauerentscheidung
- Entscheidungen über den optimalen Ersatzzeitpunkt
- Programmentscheidung (Erläuterung siehe 1.2)

Aufgabe 1.5
Bei zahlreichen Investitionsentscheidungen in der betrieblichen Praxis handelt es sich um einen für das Unternehmen bedeutsamen Vorgang, welcher strukturiertes, sorgfältiges Vorgehen erfordert. Die große Bedeutung resultiert aus der häufig langfristigen, kaum reversiblen Kapitalbindung. Sie wächst aufgrund zunehmender Intransparenz mit der Unternehmensgröße.

Aufgabe 1.6

1. Anregungsphase:	Planung der Betreiber AG, Risiko/Chancen-Profil des Herrn Traudich von der Schnarch GmbH
2. Suchphase:	Einholung von Angeboten deutscher Kleinwagenhersteller
3. Optimierungsphase:	Entscheidung zugunsten der Produkte des Herstellers Lord
4. Realisierungsphase:	Bestellung der Fahrzeuge, Inbetriebnahme des Car-Pools
5. Kontrollphase:	Studie des Herrn Fix

Aufgabe 1.7

Bei der Investitionsrechnung handelt es sich um einen Teil des internen Rechnungswesens. Im Gegensatz zur Kosten- und Leistungsrechnung wird sie fallweise und nicht regelmäßig erstellt. Da Investitionen i.d.R. langfristige Mittelbindungen darstellen, sollte die Investitionsrechnung mehrperiodig sein, während die Kostenrechnung mit dem Ziel des raschen Eingriffs bei unternehmensinternen Fehlentwicklungen möglichst kurzfristig angelegt ist. Bezugsobjekte der Kostenrechnung sind z.B. das gesamte Unternehmen oder einzelne Betriebsteile, während die Investitionsrechnung, mit Ausnahme von Programmentscheidungen oder einem Unternehmenskauf, im überwiegenden Fall einzelne Investitionsobjekte (Produktionsanlagen, Kraftfahrzeuge etc.) beurteilt.

Aufgabe 1.8

Über die inhaltliche Festlegung dieser Erfolgsgrößen entscheidet nicht der Investor selbst, sondern Unternehmensexterne. Wenn Erfolgsgrößen Bestandteile einer Investitionsplanung sein sollen (statische Verfahren), so sollte über deren inhaltliche Besetzung der Investor selbst entscheiden.

Aufgabe 1.9

Der wesentliche Unterschied zwischen den Verfahrensgruppen liegt in der finanzmathematischen Basis der dynamischen Verfahren, durch die der Zeitbezug Berücksichtigung findet.

Musterlösungen zu den Übungsaufgaben des 2. Kapitels

Aufgabe 2.1 a)

Investitionsobjekt:	1	2
Anschaffungskosten:	DM 300.000	DM 360.000
Restwert nach Ablauf der Nutzungsdauer:	DM 30.000	DM 48.000
Nutzungsdauer:	10 Jahre	8 Jahre
Produktionsmenge:	10.000 Stück	10.000 Stück
Durchschnittliche variable Kosten/Stück:	DM 11,60	DM 9,30
Variable Gesamtkosten/Periode	DM 116.000	DM 93.000
Kalkulatorische Abschreibungen:	DM 27.000	DM 39.000
Kalkulatorische Zinsen:	DM 19.800	DM 24.480
Sonstige Fixkosten:	DM 6.900	DM 15.000
Fixkosten/Periode:	DM 53.700	DM 78.480
Gesamtkosten/Periode:	DM 169.700	DM 171.480

Damit ist 1 das optimale, weil kostengünstigere Objekt.

b)

Investitionsobjekt:	1	2
Erlöse/Periode:	DM 210.000	DM 218.000
Gesamtkosten/Periode:	DM 169.700	DM 171.480
Gewinne/Periode:	DM 40.300	DM 46.520

Damit ist 2 das optimale, weil gewinnmaximale Objekt.

c)

Investitionsobjekt:	1	2
Fixkosten/Stück:	DM 5,37	DM 7,13
Variable Kosten/Stück:	DM 11,60	DM 9,30
Gesamtkosten/Stück	DM 16,97	DM 16,43

Damit ist 2 das optimale Objekt, da es die geringeren Stückkosten aufweist.

d) Ein Vergleich der Periodenkosten des ersten Vorhabens mit jenen des zweiten vernachlässigt die Tatsache, daß bei letzterem eine Mehrproduktion erfolgt.

Aufgabe 2.2 a)
Aufgrund der Tatsache, daß die alte Anlage sowohl niedrigere Fixkosten als auch niedrigere variable Kosten/Stück aufweist, kann die neue Anlage, unabhängig der Produktionsmenge, niemals zu niedrigeren Kosten führen.

Investitionsobjekt:	Neue Anlage	Alte Anlage
Anschaffungskosten:	DM 75.000	DM 20.000
(Rest-)Nutzungsdauer:	10 Jahre	3 Jahre
Restwert:	DM 5.000	DM 900
Jahreskapazität:	90.000 Stück	55.000 Stück
Fixkosten Kalk. Abschreibungen:	DM 7.000	DM 1.700
Kalk. Zinsen:	DM 4.800	DM 414
Sonstige:	DM 6.400	DM 2.500
Fixkosten/Periode:	DM 18.200	DM 4.614
Variable Kosten/Stück:	DM 0,94	DM 0,85
Variable Kosten/Periode:	DM 47.000	DM 42.500
Gesamtkosten/Periode:	DM 65.200	DM 47.114

Bei jeder Produktionsmenge ist die alte Anlage kostengünstiger.

b)

Investitionsobjekt:	Neue Anlage	Alte Anlage
Fixkosten/Periode:	DM 18.200	DM 4.614
Variable Kosten/Stück:	DM 0,94	DM 1,15
Variable Kosten/Periode:	DM 47.000	DM 57.500
Gesamtkosten/Periode:	DM 65.200	DM 62.114

Trotz nun erhöhter variabler Kosten ist die alte Anlage kostenminimal.

c)

1.
Erlöse:	DM 88.000,00
Variable Kosten:	DM 63.250,00
Fixkosten:	DM 4.614,00
Durchschn. Jahresgewinn (3 Jahre):	DM 20.136,00
Gesamtgewinn:	DM 60.408,00
Durchschn. Jahresgewinn (Strategie):	DM 6.040,80

2. <u>Jahre 1-3:</u>

Erlöse:	DM 88.000,00
Variable Kosten:	DM 63.250,00
Fixkosten:	DM 4.614,00
Gewinn/Jahr (in den Jahren 1-3):	DM 20.136,00
Gesamtgewinn:	DM 60.408,00
Durchschnittlicher Jahresgewinn:	DM 6.040,80

<u>Jahre 4-10:</u>

Erlöse:	DM 144.000,00
Variable Kosten:	DM 84.600,00
Fixkosten:	DM 18.200,00
Gewinn/Jahr (in den Jahren 4-10):	DM 41.200,00
Gesamtgewinn:	DM 288.400,00
Durchschnittlicher Jahresgewinn:	DM 28.840,00
Durchschn. Jahresgewinn (alte Anlage):	DM 6.040,80
Durchschn. Jahresgewinn (neue Anlage):	DM 28.840,00
Durchschn. Jahresgewinn (Strategie):	DM 34.880,80

3.
Erlöse:	DM 144.000,00
Variable Kosten:	DM 84.600,00
Fixkosten:	DM 18.200,00
Durchschn. Jahresgewinn (Strategie):	DM 41.200,00

4. Als gewinnmaximal erweist sich für die ersten 3 Jahre die Vollauslastung der neuen Anlage und die Teilauslastung der alten Anlage.

<u>Neue Anlage:</u>

Erlöse:	DM 144.000,00
Variable Kosten:	DM 84.600,00
Fixkosten:	DM 18.200,00

Durchschnittlicher Jahresgewinn:	DM 41.200,00
Alte Anlage:	
Erlöse:	DM 64.000,00
Variable Kosten:	DM 46.000,00
Fixkosten:	DM 4.614,00
Gewinn/Jahr (in den Jahren 1-3):	DM 13.386,00
Gesamtgewinn:	DM 40.158,00
Durchschnittlicher Jahresgewinn:	DM 4.015,80
Durchschn. Jahresgewinn (neue Anlage):	DM 41.200,00
Durchschn. Jahresgewinn (alte Anlage):	DM 4.015,80
Durchschn. Jahresgewinn (Strategie):	DM 45.215,80

5. Jahre 1-4:

Erlöse:	DM 208.000,00
Variable Kosten:	DM 122.200,00
Fixkosten (2 Anlagen):	DM 36.400,00
Gewinn/Jahr (in den Jahren 1-4):	DM 49.400,00
Gesamtgewinn:	DM 197.600,00
Durchschnittlicher Jahresgewinn:	DM 19.760,00
Jahre 5-10:	
Erlöse:	DM 160.000,00
Variable Kosten:	DM 94.000,00
Fixkosten:	DM 36.400,00
Gewinn/Jahr (in den Jahren 5-10):	DM 29.600,00
Gesamtgewinn:	DM 177.600,00
Durchschnittlicher Jahresgewinn:	DM 17.760,00
Durchschn. Jahresgewinn (ersten 4 Jahren):	DM 19.760,00
Durchschn. Jahresgewinn (letzten 6 Jahren):	DM 17.760,00
Durchschn. Jahresgewinn (Strategie):	DM 37.520,00

Die vierte Strategie erbringt den höchsten Durchschnittsgewinn und wird daher umgesetzt.

d) Beim Vergleich der Strategien besteht die Problematik unterschiedlicher Nutzungsdauer und unterschiedlichen Kapitaleinsatzes. Streng genommen, müßte beispielsweise die Frage nach der alternativen Verwendung der DM 180.000, welche zum Kauf zweier neuer Anlagen in der 5. Strategie eingesetzt wurden, beim Vergleich dieser mit der ersten Strategie berücksichtigt werden.

Aufgabe 2.3

Verpackungsanlage:	Fad	Techno
Anschaffungskosten:	DM 100.000	DM 150.000
Restwert nach Ablauf der Nutzungsdauer:	DM 0	DM 0
Nutzungsdauer:	5 Jahre	5 Jahre
Produktionsmenge=Absatzmenge:	10.000 Stück	10.000 Stück
Verkaufspreis/Stück:	DM 4,50	DM 6,20
Erlös/Periode:	DM 45.000	DM 62.000
Durchschnittliche variable Kosten/Stück:	DM 1,20	DM 1,48
Variable Gesamtkosten/Periode	DM 12.000	DM 14.800
Kalkulatorische Abschreibungen:	DM 20.000	DM 30.000
Kalkulatorische Zinsen:	DM 5.000	DM 7.500
Sonstige Fixkosten:	DM 7.000	DM 8.500
Fixkosten/Periode:	DM 32.000	DM 46.000
Gewinn/Periode:	DM 1.000	DM 1.200
Gewinn/Periode vor kalk. Zinsen:	DM 6.000	DM 8.700
Rentabilität:	12 %	11,6 %

Nach der Gewinnvergleichsrechnung ist „Techno", nach der Rentabilitätsvergleichsrechnung ist „Fad" die optimale Alternative.

Aufgabe 2.4

		Objekt 1	Objekt 2	Objekt 3
a)	Amortisationsdauer:	5,71 Jahre	6 Jahre	5,52 Jahre

b) Abgesehen von weiteren Problemen (fehlende finanzmathematische Basis, Durchschnittsbetrachtung) geht bei Berücksichtigung der in der Aufgabenstellung angegebenen Nutzungsdauer mit der Wahl des 3. Objektes ein spürbarer Gewinnverzicht einher. Zur tiefergehenden Analyse fehlen weiterhin die Angaben zur alternativen Kapitalverwendung.

c) Er sollte unberücksichtigt bleiben, denn fiele er nur nach vollständigem Ablauf der Nutzungsdauer, also nicht vorher an, so würde dies nicht die Dauer der Kapitalfreisetzung verkürzen. Vor der Zielsetzung des Kalküls sollte er in seiner jeweiligen Höhe kontinuierlich über die Nutzungsdauer angegeben sein. Die Annahme eines konstanten Restwertes wäre hierbei wenig plausibel.

Aufgabe 2.5

Periode	Erlöse	Kosten	Auszahlungs-unwirksame Kosten	Rückfluß	Kumulierter Rückfluß
1	50.000	40.000	8.000	18.000	18.000
2	60.000	42.000	8.400	26.400	44.400
3	70.000	44.000	8.800	34.800	79.200
4	80.000	50.000	10.000	40.000	119.200
5	90.000	53.000	10.600	47.600	166.800
6	100.000	61.000	12.200	51.200	218.000
7	100.000	61.500	12.300	50.800	268.800

In der 5. Periode amortisiert sich das eingesetzte Kapital.

Als Amortisationszeitpunkt ergibt sich:

$$(5-1) + \frac{160.000 - 119.200}{47.600} = 4,86 \text{ Perioden.}$$

Damit liegt das Vorhaben in der maximal zulässigen Amortisationszeit.

Musterlösungen zu den Übungsaufgaben des 3. Kapitels

Aufgabe 3.1

a) $\quad K_0 = \dfrac{120.000}{1{,}05^{12}} = 66.820{,}49$

Das Anfangskapital belief sich auf DM 66.820,49.

b) $\quad b = 120.000 \times \dfrac{0{,}05}{1{,}05^{12} - 1} = 7.539{,}05$

Die nachschüssige Sparrate von DM 7.539,05 hätte den gleichen Endwert erbracht.

c) $\quad b = 120.000 \times \dfrac{0{,}05}{1{,}05(1{,}05^{12} - 1)} = 7.180{,}05$

Die vorschüssige Sparrate von DM 7.180,05 hätte den gleichen Endwert erbracht.

d) $\quad i = \sqrt[12]{\dfrac{135.000}{66.820{,}49}} - 1 = 0{,}0604$

Ein Zinssatz von 6,04 % hätte zu einem Endwert von DM 135.000,- geführt.

e) $\quad 66.820{,}49 \times 1{,}04^6 \times 1{,}06^6 = 119.934{,}71$

Der Endwert hätte DM 119.934,71 betragen.

Aufgabe 3.2

$b = 50.000 \times \dfrac{0{,}06}{1{,}06^8 - 1} = 5.051{,}80$

Der Vater müßte ab sofort einen Betrag von DM 5.051,80 nachschüssig anlegen.

Aufgabe 3.3

$5.000 \times 1,06^5 \times 1,07^5 = 9.384,65 - 5.000 = 4.384,65$

Die Kapitalanlage erbringt DM 4.384,65 Zinsen.

Aufgabe 3.4

a) $500 \times 1,03^{12} = 712,88$ $\qquad i = \sqrt[10]{\dfrac{1.000}{712,88}} - 1 = 0,0344$

Der Zinssatz betrug in den letzten 10 Jahren 3,44 %.

b) $i = \sqrt[22]{\dfrac{1.000}{500}} - 1 = 0,032$

Der durchschnittlich gewährte Zinssatz betrug 3,2 %.

Aufgabe 3.5

t	EZÜ$_t$	Barwerte der EZÜ$_t$ (DM)	Rw$_t$ (DM)	Barwerte der Rw$_t$ (DM)	kumulierte Barwerte der EZÜ$_t$ + Barwert des RW$_t$
1	40.000	36.363,64	140.000	127.272,73	DM 163.636,37
2	40.000	33.057,85	130.000	118.181,82	DM 187.603,31
3	40.000	30.052,59	120.000	90.157,78	DM 189.631,86
4	40.000	27.320,54	100.000	68.301,35	DM 195.095,97
5	40.000	24.836,85	80.000	49.673,71	DM 201.305,18
6	40.000	22.578,96	70.000	39.513,18	DM 213.723,61
7	40.000	20.526,33	50.000	25.657,91	DM 220.394,67
8	40.000	18.660,30	30.000	13.995,22	DM 227.392,28
9	40.000	16.963,91	20.000	8.481,95	DM 238.842,92
10	40.000	15.421,73	10.000	3.855,43	DM 249.638,13

Am Ende der 5. Periode erreicht der Investor neben der Rückgewinnung des eingesetzten Kapitals eine Verzinsung der ausstehenden Beträge von 10 %.

Aufgabe 3.6

a) $C_0 = -5.000 + \dfrac{1.500}{1,08^1} + \dfrac{2.000}{1,08^2} + \dfrac{2.000}{1,08^3} + \dfrac{600}{1,08^4} = 132,25$

b) $C_0 = -71{,}03$

Aufgabe 3.7

a) $C_0 = -160.000 + (30.000 - 10.000) \times \dfrac{1{,}07^{25} - 1}{0{,}07 \times 1{,}07^{25}} = 73.071{,}66$

Aufgrund des positiven Kapitalwerts von DM 73.071,66 ist das Vorhaben zu realisieren.

b) Zwei Lösungswege sind möglich. Zum einen kann, aufgrund der Kenntnis des o.g. Ergebnisses, der Barwert der fehlenden Einzahlungen vom Kapitalwert aus a) subtrahiert werden:

$C_0 = 73.071{,}66 - \dfrac{30.000}{1{,}07} - \dfrac{30.000}{1{,}07^2} - \dfrac{30.000}{1{,}07^6} = -1.159{,}15$

Zum anderen kann der Barwert der durchgängig erfolgenden Auszahlungen vom Barwert der Einzahlungen in Abzug gebracht werden:

$K_0^{EZ} = \dfrac{30.000 \times \dfrac{1{,}07^{23} - 1}{0{,}07 \times 1{,}07^{23}}}{1{,}07^2} - \dfrac{30.000}{1{,}07^6} = 275.376{,}68$

$K_0^{AZ} = 160.000 + 10.000 \times \dfrac{1{,}07^{25} - 1}{0{,}07 \times 1{,}07^{25}} = 276.535{,}83$

$C_0 = K_0^{EZ} - K_0^{AZ} = -1.159{,}15$

Vor dem Hintergrund der neuen Voraussetzungen wird das Investitionsobjekt infolge eines negativen Kapitalwerts von DM -1.159,15 abgelehnt.

Aufgabe 3.8

$C_0 = -80.000 + \dfrac{7.000}{0{,}1} = -10.000 \text{ DM}$

Selbst unter der Voraussetzung einer unendlichen Nutzungsdauer sollte das Investitionsvorhaben nicht realisiert werden.

Aufgabe 3.9

a) Bei Zugrundelegung eines Zinssatzes von 7 % zeigt sich eine relative Vorteilhaftigkeit des zweiten Investitionsobjekts:

Investition 1: $C_0 = 4.541,88$ Investition 2: $C_0 = 4.766,23$

Unter der Annahme eines Kalkulationszinssatzes von 8 % ist wegen des höheren positiven Kapitalwerts des ersten Vorhabens dieses zu realisieren:

Investition 1: $C_0 = 3.189,30$ Investition 2: $C_0 = 2.713,76$

b)

	t_0	t_1	t_2	t_3
Investition 1	-100.000,00	67.000,00	48.000,00	-
Erste DI	-20.000,00	-	-	25.194,24
Zweite DI	-	-7.000,00	-3.000,00	11.404,80
Aggregation	-120.000,00	60.000,00	45.000,00	36.599,04
Investition 2	-120.000,00	60.000,00	45.000,00	36.000,00

Das erste Vorhaben erbringt einen höheren EZÜ in t_3 von 599,04. Der Barwert dieser Differenz entspricht dem Unterschied der Kapitalwerte bei i = 0,08. Es handelt sich um einen zulässigen Vorteilhaftigkeitsvergleich, der Kapitalwert der modifizierten Investition 1 entspricht der der originären Zahlungsreihe.

Aufgabe 3.10

Investitionsvorhaben 1 (2) entspricht im weiteren Verlauf der Unterlassung (Durchführung) einer Errichtung der Niederlassung in der Großstadt.

Investition 1:

Auszahlungen/Jahr:	Fahrtkosten (300 x 2 x 1,60 x 50)	= DM 48.000
	Hotelkosten (2 x 100 x 50)	= DM 10.000
	Summe	= DM 58.000

Einzahlungen/Jahr: DM 130.000 bei 5 %iger Steigerung.

t	Einzahlungen	Auszahlungen	EZÜ
1	DM 130.000,00	DM 58.000,00	DM 72.000,00
2	DM 136.500,00	DM 58.000,00	DM 78.500,00
3	DM 143.325,00	DM 58.000,00	DM 85.325,00
4	DM 150.491,25	DM 58.000,00	DM 92.491,25
5	DM 158.015,81	DM 58.000,00	DM 100.015,81
6	DM 165.916,60	DM 58.000,00	DM 107.916,60

C_0 = DM 380.627,34

Investition 2:

Auszahlungen/Jahr: Führung der Niederlassung = DM 15.000
Fahrtkosten (2 x 200 x 50) = DM 20.000
Spedition (250 x 50) = DM 12.500
Summe = DM 47.500
Zusätzlich der einmaligen Auszahlung von DM 105.000.

Einzahlungen/Jahr: DM 140.000 bei 7 %iger Steigerung.

t	Einzahlungen	Auszahlungen	EZÜ
0	-	DM 105.000,00	DM -105.000,00
1	DM 140.000,00	DM 47.500,00	DM 92.500,00
2	DM 149.800,00	DM 47.500,00	DM 102.300,00
3	DM 160.286,00	DM 47.500,00	DM 112.786,00
4	DM 171.506,02	DM 47.500,00	DM 124.006,02
5	DM 183.511,44	DM 47.500,00	DM 136.011,44
6	DM 196.357,24	DM 47.500,00	DM 148.857,24

C_0 = DM 401.550,37

Das Investitionsvorhaben 2, die Errichtung einer Niederlassung in der Großstadt, erweist sich wegen des höheren positiven Kapitalwerts als relativ vorteilhaft und sollte realisiert werden.

Aufgabe 3.11

Bei s = 0,5 und i = 0,08 resultiert ein i_s von 0,04.

Da von einem Restwert von Null ausgegangen wird, ergibt sich ein jährlicher Abschreibungsbetrag von 30.000.

Die Reihe der Netto-EZÜ lautet entsprechend: -120.000, 37.000, 41.000, 43.000, 43.000.

$$C_{0s} = -120.000 + \frac{37.000}{1,04} + \frac{41.000}{1,04^2} + \frac{43.000}{1,04^3} + \frac{43.000}{1,04^4} = 28.467,15$$

Aufgabe 3.12

a) Investition 1: $C_0 = 1.076,85$
    Investition 2: $C_0 = 997,25$
    Investition 3: $C_0 = 1.125,33$

Gemäß der Kapitalwertmethode sollte das dritte Investitionsobjekt realisiert werden.

b) Investition 1: $\quad b = 1.076,85 \times \dfrac{0,09 \times 1,09^2}{1,09^2 - 1} = 612,16$

    Investition 2: $\quad b = 997,25 \times \dfrac{0,09 \times 1,09^1}{1,09^1 - 1} = 1.087,00$

    Investition 3: $\quad b = 1.125,33 \times \dfrac{0,09 \times 1,09^2}{1,09^2 - 1} = 639,72$

Die Annuitätenmethode führt zur relativen Vorteilhaftigkeit des zweiten Objekts.

Die Annuitätenmethode überführt die ursprüngliche in eine uniforme Zahlungsreihe. Mit der Annuität wird die Höhe der gleichhohen Zahlung unter Vernachlässigung der Bedeutung der Häufigkeit ihres Anfalls angegeben. Bei einem Vergleich der Alternativen 2 und 3 zeigen sich folgende uniforme Reihen:

	t_0	t_1	t_2
Investition 2	-	1.087,00	-
Investition 3	-	639,72	639,72

In diesen Fällen ist folglich die Kapitalwertmethode zu präferieren.

Aufgabe 3.13

a) Unter Verwendung von $i_1 = 0{,}05$ ($i_2 = 0{,}07$) resultiert ein C_{01} von 281,51 (C_{02} von -273,65).

b) $r = 0{,}05 - 281{,}51 \times \dfrac{0{,}07 - 0{,}05}{-273{,}65 - 281{,}51} = 0{,}060$

c) Die Wiederanlage der aus dem Vorhaben freiwerdenden Mittel zum internen Zins von 0,06 führt zu einem Endwert von:

$5.611{,}50 \times 1{,}06^2 + 5.611{,}50 \times 1{,}06 + 5.611{,}50 = 17.864{,}77$

Bei einer Auszahlung in t_0 von 15.000 entspricht der ermittelte Endwert einer Rendite von:

$$r = \sqrt[3]{\dfrac{17.864{,}77}{15.000}} - 1 = 0{,}06$$

Aufgabe 3.14

Empfehlenswert ist die Durchführung des Vorhabens nur für den Fall, daß der Investor über Wiederanlagemöglichkeiten zu 100 % bzw. 200 % verfügt, wovon beim genannten Kalkulationszinsfuß nicht auszugehen ist.

Bei Verwendung der modifizierten Wiederanlageprämisse und demzufolge einjähriger Anlage der 50.000 von t_1 bis t_2 zu 12 % resultiert folgende Zahlungsreihe:

t_0	t_1	t_2
-10.000	-	-4.000

Damit werden 10.000 für ein Investitionsvorhaben investiert, welches bei adäquater Wiederanlage ein negatives Vermögen zum Zeitpunkt t_2 erbringt.

Aufgabe 3.15

a) Der Ansatz des ersten Kalkulationszinsfuß $i_1 = 10\ \%$ erbringt die folgenden Kapitalwerte:

Investition 1: $C_0 = 1.374{,}91$
Investition 2: $C_0 = 1.615{,}33$

Unter Verwendung des zweiten Kalkulationszinsfußes i_2 von 14,4 % ergeben sich folgenden Kapitalwerte:

Investition 1: $C_0 = 971,55$ Investition 2: $C_0 = 972,75$

Während der Zinssatz von 10 % zur deutlichen Überlegenheit des zweiten Vorhabens führt, liegt bei 14,4 % der kritische Zinssatz, d.h. die Kapitalwerte beider Investitionsobjekte sind (annähernd) gleich.

b) Investition 1:
Der Ansatz eines Kalkulationszinssatzes von 27 (28) % erbringt einen Kapitalwert von 38,19 (-24,49). Die anschließende Interpolation mit diesen Werten führt zu einem Internen Zins von 27,6 %.

Investition 2:
Der Ansatz eines Kalkulationszinssatzes von 22 (23) % erbringt einen Kapitalwert von 57,80 (- 47,23). Die anschließende Interpolation mit diesen Werten führt zu einem Internen Zins von 22,6 %.
Damit ist aufgrund des höheren Internen Zinssatzes der ersten Alternative diese durchzuführen.

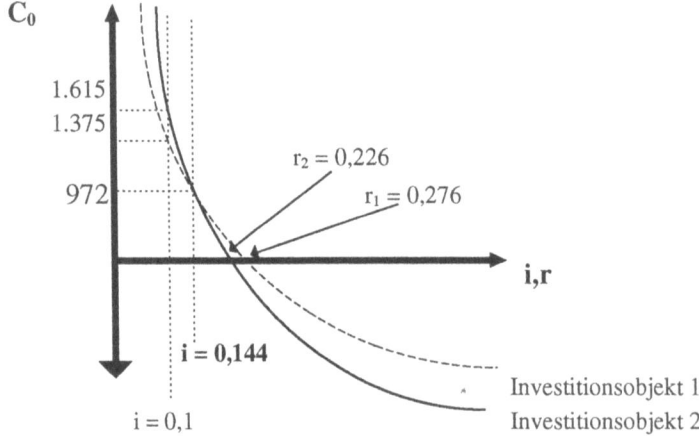

Zu unterschiedlichen Vorteilhaftigkeitsaussagen gelangen die Kalküle in dem Bereich links des kritischen Zinssatzes, d.h. bei Verwendung eines Kalkulationszinssatzes, der kleiner ist als der kritische Zins von 0,144.

Aufgabe 3.16 a)

	t_0	t_1	t_2	t_3	t_4	t_5	t_6
$EZÜ_t$	-100,00	50,00	50,00	40,00	30,00	20,00	10,00
R_n		70,00	50,00	45,00	25,00	10,00	0
$C_{0(n)}$		11,11	32,03	56,64	61,34	63,38	62,88

Der höchste nutzungsdauerspezifische Kapitalwert (63,38) wird in der 5. Periode erreicht. Die optimale Nutzungsdauer beträgt damit 5 Perioden.

b) Die optimale Nutzungsdauer der Folgeinvestition B wurde in a) bereits bestimmt, da ihr keine Anschlußinvestition folgt, liegt sie bei 5 Perioden.

	t_1	t_2	t_3	t_4	t_5	t_6
C_{0B}	63,38	63,38	63,38	63,38	63,38	63,38
$C_{0B}/1,08^{n1}$	58,69	54,34	50,31	46,59	43,14	39,94
C_{0A}	11,11	32,03	56,64	61,34	63,38	62,88
C_{0K}	69,80	86,37	106,95	107,93	106,52	102,82

Der optimale Ersatzzeitpunkt bei einmaliger identischer Wiederholung liegt am Ende der 4. Periode. Die Investitionskette erstreckt sich damit auf einen Zeitraum von (4+5=) 9 Perioden und führt zu einem Kapitalwert von 107,93.

c) Zur Bestimmung des optimalen Ersatzzeitpunktes bei unendlicher identischer Wiederholung erfolgt die Ermittlung der Annuitäten der aus a) bekannten nutzungsdauerspezifischen Kapitalwerte.

	t_1	t_2	t_3	t_4	t_5	t_6
$C_{0(n)}$	11,11	32,03	56,64	61,34	63,38	62,88
b^*	12,00	17,96	21,98	18,52	15,87	13,60

Bei unendlicher identischer Wiederholung liegt der optimale Ersatzzeitpunkt am Ende der 3 Periode. Der somit maximierte Kapitalwert der Investitionskette beträgt (21,98 : 0,08 =) 274,75.

Aufgabe 3.17 a)

Zunächst erfolgt die Bestimmung der optimalen Nutzungsdauer der Folgeinvestition.

t	Einzahlungen	Auszahlungen	EZÜ$_t$	R$_n$
0		DM 2.000,00	DM -2.000,00	
1	DM 1.600,00	DM 800,00	DM 800,00	DM 1.700,00
2	DM 1.440,00	DM 880,00	DM 560,00	DM 1.400,00
3	DM 1.296,00	DM 968,00	DM 328,00	DM 1.100,00
4	DM 1.166,40	DM 1.064,80	DM 101,60	DM 800,00
5	DM 1.049,76	DM 1.171,28	DM -121,52	DM 500,00
6	DM 944,78	DM 1.288,41	DM -343,63	DM 0
7	DM 850,31	DM 1.417,25	DM -566,94	DM 0
8	DM 765,28	DM 1.558,97	DM -793,69	DM 0

Plausibilitätsansatz: Bei weiterhin fallenden Restwerten erübrigt sich die Ermittlung der nutzungsdauerspezifischen Kapitalwerte nach der 4. Periode aufgrund folgender negativer Einzahlungsüberschüsse. Die folgenden Grenzeinzahlungsüberschüsse sind ausnahmslos negativ und führen folglich zu niedrigeren Kapitalwerten.

	t_0	t_1	t_2	t_3	t_4
EZÜ$_t$ (DM)	-2.000,00	800,00	560,00	328,00	101,60
R$_n$ (DM)		1.700,00	1.400,00	1.100,00	800,00
C$_{0(n)}$ (DM)		272,73	347,11	262,96	52,32

Die optimale Nutzungsdauer der Folgeinvestition B beträgt 2 Perioden.

	t_1	t_2	t_3	t_4
C$_{0B}$ (DM)	347,11	347,11	347,11	347,11
C$_{0B}/1,1^{n1}$ (DM)	315,55	286,87	260,79	237,08
C$_{0A}$ (DM)	272,73	347,11	262,96	52,32
C$_{0K}$ (DM)	588,28	633,98	523,75	289,40

Der maximale Kapitalwert der Investitionskette zeigt sich zum Zeitpunkt t_2, damit liegt der optimale Ersatzzeitpunkt am Ende der 2. Periode.

b) Die Dauer der Grundinvestition entspricht mit 2 Perioden der Dauer der Folgeinvestition.

	t_0	t_1	t_2	t_3	t_4
Grundinvestition $EZÜ_t + R_n$ (DM)	-2.000	800	560 +1.400	-	-
Folgeinvestition $EZÜ_t + R_n$ (DM)			-2.000	800	560 +1.400
Investitionskette (DM)	-2.000	800	-40	800	1.960

Der Kapitalwert der Investitionskette beträgt DM 633,98.

Aufgabe 3.18 a)

Bei Annahme eines Kontenausgleichsverbots resultiert folgender Endwert:

	$EZÜ_t$	C_t^+	C_t^-	C_n
t_0	-90.000,00	0	-90.000,00	
t_1	40.000,00	40.000,00	-98.100,00	
t_2	30.000,00	72.000,00	-106.929,00	
t_3	20.000,00	95.600,00	-116.552,61	
t_4	20.000,00	120.380,00	-127.042,34	
t_5	12.000,00	138.399,00	-138.476,16	-77,16

Der Vermögensendwert beträgt -77,16.

b) Ein Kontenausgleichsgebot führt zu folgendem Vermögensendwert:

	$EZÜ_t$	C_{t-1}	C_t	C_n
t_0	-90.000,00			
t_1	40.000,00	-90.000,00	-58.100,00	
t_2	30.000,00	-58.100,00	-33.329,00	
t_3	20.000,00	-33.329,00	-16.328,61	
t_4	20.000,00	-16.328,61	2.201,82	
t_5	12.000,00	2.201,82	14.311,91	14.311,91

Der Vermögensendwert beträgt 14.311,91.

Aufgabe 3.19 a)
Investition 1:

	EZÜ$_t$	C$_t^+$	C$_t^-$	C$_n$
t$_0$	-1.200,00	0	-1.200,00	
t$_1$	300,00	300,00	-1.344,00	
t$_2$	400,00	724,00	-1.505,28	
t$_3$	400,00	1.181,92	-1.685,91	
t$_4$	600,00	1.876,47	-1.888,22	-11,75

Investition 2:
Das 2. Vorhaben führt zu einem Vermögensendwert von -31,14.

Beide Investitionsobjekte erbringen einen negativen Endwert und sind daher abzulehnen.

b)
Investition 1:

	EZÜ$_t$	C$_{t-1}$	C$_t$	C$_n$
t$_0$	-1.200,00			
t$_1$	300,00	-1.200,00	-1.044,00	
t$_2$	400,00	-1.044,00	-769,28	
t$_3$	400,00	-769,28	-461,59	
t$_4$	600,00	-461,59	83,02	83,02

Investition 2:
Das 2. Investitionsobjekt erzielt einen Vermögensendwert von 90,95.
Das zweite Vorhaben weist unter der Voraussetzung eines Kontenausgleichsgebots den höheren positiven Endwert auf und ist daher zu realisieren.

c) Der kritische Sollzinssatz wird bei Annahme des Ausgleichsverbots in einem zweistufigen Vorgehen bestimmt. Zunächst sind bei bekanntem Habenzinssatz für die beiden Investitionsobjekte die Endwerte ihrer positiven Vermögenskonten zu bestimmen, anschließend erfolgt die Ermittlung der kritischen Zinssätze über den Ansatz zur Bestimmung des Effektivzinssatzes.

Investition 1:

$$C_n^+ = 1.876{,}47 = 1.200 \times \left(1 + i_s^{krit}\right)^4$$

$$i_s^{krit} = \sqrt[4]{\frac{1.876{,}47}{1.200}} - 1 = 0{,}1183$$

Investition 2:
Der kritische Sollzinssatz des zweiten Objekts beträgt 0,1154.

Damit sind unter der Annahme des Kontenausgleichsverbots bei einem gegebenen Sollzinssatz von 12 % beide Vorhaben abzulehnen.

Bei Gültigkeit des Ausgleichsgebots wird der kritische Sollzinssatz über Probierzinssätze und anschließende Interpolation näherungsweise bestimmt.

Investition 1:
Der Probierzinssatz 13,8 % (i_{s1}) führt zu einem Endwert von 2,78 (C_{n1}). Der zweite Zinssatz von 14 % (i_{s2}) erbringt einen Endwert von -6,45 (C_{n2}). Eine anschließende Interpolation weist einen kritischen Sollzinssatz von 13,86 % aus.

Investition 2:
Der kritische Sollzinssatz der 2. Alternative liegt bei 14,40 %.

Bei einem gegebenen Sollzinssatz von 12 % sind beide Vorhaben positiv zu beurteilen, wegen des höheren Sollzinssatzes ist die zweite Alternative zu realisieren.

d) Die Bestimmung des Kapitalwerts bei gespaltenen Zinssätzen erfolgt im weiteren Verlauf über den Weg der Ermittlung saldierter Zahlungsreihen. Die Zahlungsreihe der Finanzierungsmaßnahme bei 100 %iger Fremdfinanzierung lautet für beide Vorhaben:

+1.200, -144, -144, -144, -1.344.

Diese Reihe ist jeweils zur ursprünglichen Reihe zu addieren.

Das erste Investitionsobjekt weist bei endfälliger Tilgung einen Kapitalwert von 20,28 und das zweite einen Kapitalwert von 6,03 auf. Damit ist nach dem (erweiterten) Kapitalwertkalkül das erste Vorhaben zu realisieren.

e) Die Zahlungsmodalität für den Schuldner im Falle des Kontenausgleichsverbots lautet: „Die Tilgung und die Zahlung der über die Gesamtlaufzeit angefallenen Zinsen erfolgt am Ende des Vorhabens". Unter Vernachlässigung steuerlicher Aspekte kann dies aufgrund der in der Regel höheren Sollzinsen ökonomisch nicht positiv beurteilt werden. Im Vergleich zu den Modalitäten in b) und d) resultieren für beide Vorhaben die niedrigsten Endwerte.

Die Modalität im Falle des Ausgleichsgebots lautet: „Alle erfolgenden EZÜ werden sofort im vollen Umfang zur Zins- und Tilgungszahlung verwandt". Unter den gegebenen Voraussetzungen ist dies wirtschaftlich ratsam, denn mit der bereits anfänglich sinkenden Restschuld wird die niedrigste Zinsbelastung über die Gesamtlaufzeit erreicht. Ein Indiz hierfür ist auch die im Vergleich zu a) umgekehrte relative Vorteilhaftigkeit aufgrund der frühen höheren Tilgungsmöglichkeiten der zweiten Alternative (und dies trotz niedrigerer Summe der Nominalrückflüsse).

Die dem modifizierten Kapitalwertkalkül zugrunde liegende Modalität („Zinszahlungen erfolgen jährlich, die Tilgung am Ende des Betrachtungszeitraums") nimmt eine Zwischenposition ein. Dies zeigt sich auch an den Kapitalwerten, welche über Aufzinsung in Endwerte transformiert, und somit den Ergebnissen aus a) und b) gegenübergestellt werden können.

Musterlösungen zu den Aufgaben des 4. Kapitels

Aufgabe 4.1 a)

	A_0	C_0	C_0^*	Rangfolge
Investition 1	500,00	219,23	0,44	3
Investition 2	50,00	51,43	1,03	1
Investition 3	800,00	187,08	0,23	4
Investition 4	300,00	174,61	0,58	2
Investition 5	400,00	-9,92	-0,02	6
Investition 6	400,00	59,80	0,15	5

Das optimale Investitionsprogramm besteht aus den Alternativen 2 und 4 sowie 90 % des 1. Objekts. Das Programm verursacht eine Anschaffungsauszahlung von 800 und führt zu einem Kapitalwert von 423,34.

b) Bei Unteilbarkeit der Vorhaben würden nach dem Kapitalwertratenansatz die beiden in der Rangfolge führenden Objekte (2 und 4) realisiert werden. Die Folge wäre eine Budgetbeanspruchung von 350, Vorhaben 1 könnte nicht mehr in das Programm aufgenommen werden. Der Kapitalwert dieses Programms beträgt jedoch lediglich 226,04 und ist suboptimal. Denn eine Programmzusammensetzung 2/4/6 erbringt einen Kapitalwert von 285,84 und die gemeinsame Realisierung von 1 und 4 einen Kapitalwert von 393,84.

Aufgabe 4.2 a)

	IO_1	IO_2	IO_3	IO_4	IO_5
A_0	105,00	60,00	240,00	150,00	320,00
$EZÜ_1$	115,50	78,00	288,00	169,50	340,00
r	10 %	30 %	20 %	13 %	6,25 %
Rangfolge	4	1	2	3	5

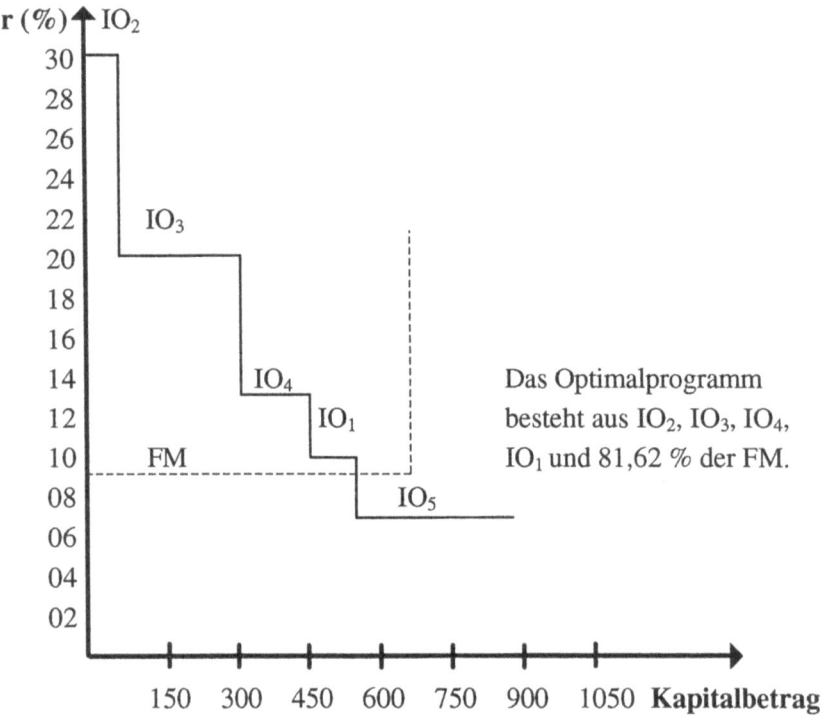

Das Optimalprogramm besteht aus IO_2, IO_3, IO_4, IO_1 und 81,62 % der FM.

Aufgabe 4.2 b)

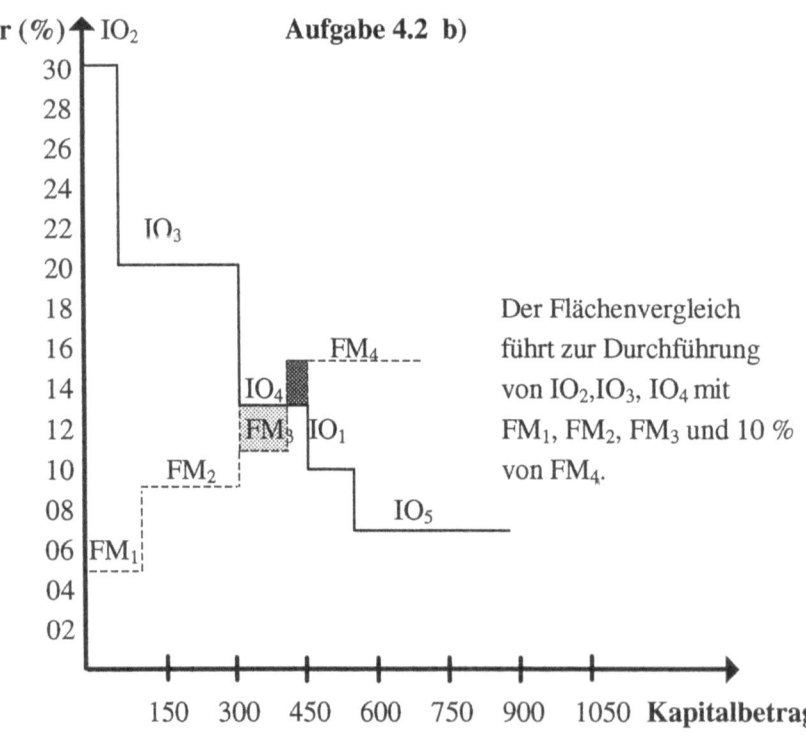

Der Flächenvergleich führt zur Durchführung von IO_2, IO_3, IO_4 mit FM_1, FM_2, FM_3 und 10 % von FM_4.

Das über den Flächenvergleich bestimmte Programm weist einen Vermögensendwert von 44,80 auf, dieser ist um 1,80 höher als bei Verzicht auf das 4. Investitionsobjekt. Für dieses Beispiel ist das so bestimmte Programm optimal.

c) Die cut-off-rate beträgt 13 %, der cut-off-point 450.

Aufgabe 4.3
siehe Kapitel 4.2.

Aufgabe 4.4
Da von beliebiger Teilbarkeit ausgegangen wird, stellen die Variablen x_1 und x_2 die Anteile an den beiden Invesitionsobjekten dar. Die Kapitalwerte der Objekte betragen 3.008,26 bzw. 1.764,46. Da der Kapitalwert des Programms zu maximieren ist, lautet die Zielfunktion:

$$3.008{,}26\, x_1 + 1.764{,}46\, x_2 \longrightarrow \text{Max!}$$

Als Nebenbedingungen sind zunächst die in beiden Zeitpunkten wirkenden Finanzrestriktionen zu formulieren:

1. $8.000\, x_1 + 6.500\, x_2 \leq 8.000$ und
2. $8.800\, x_1 \leq 8.000$

Schließlich sind die Nichtnegativitätsbedingungen zu formulieren:

1. $x_1 \geq 0$ und
2. $x_2 \geq 0$

Musterlösungen zu den Aufgaben des 5. Kapitels

Aufgabe 5.1
Ein Sicherheitsäquivalent ist jener sichere Betrag, den ein Entscheidungsträger als gleichwertig betrachtet zu mehreren unsicheren Ergebnissen, denen bestimmte Eintrittswahrscheinlichkeiten zugeordnet werden können. Wesentlich für die Ermittlung eines SÄQ ist die Risikoeinstellung des Entscheiders. Handelt es sich um eine risikoneutrale Person, so wählt sie als SÄQ den Erwartungswert, während ein risikofreudiger (risikoscheuer) Investor ein höheres (niedrigeres) SÄQ wählt.

Aufgabe 5.2
Korrekturverfahren tragen bestehenden unsicheren Erwartungen hinsichtlich der Inputgrößen eines Investitionskalküls dadurch Rechnung, daß sie Risikozuschläge (z.B. auf die künftigen Auszahlungen oder den Kalkulationszinssatz) und /oder Risikoabschäge (z.B. auf die zukünftigen Einzahlungen oder die Nutzungsdauer) vornehmen. Der wesentliche Kritikpunkt an den Verfahren liegt im Fehlen von objektiven und differenzierten Maßstäben für die Höhe der Zu- bzw. Abschläge.

Aufgabe 5.3
Drei exemplarische Fragestellungen:
1. Welchen kritischen Wert dürfen die Einzahlungsüberschüsse bei einem zuvor festgelegten Kapitalwert annehmen?
2. Wie verändert sich der Kapitalwert auf prozentuale Veränderungen der einzelnen Inputgrößen Kalkulationszinsatz und Nutzungsdauer?
3. Ab welcher Kostenhöhe ändert sich die relative Vorteilhaftigkeit eines Investitionsvorhabens?

Aufgabe 5.4
Da bei gleichen Verkaufspreisen, Auszahlungen/Stück und Mengen in jeder Periode gleichhohe Einzahlungsüberschüsse erwartet werden, kann eine Anleihe bei der Rentenrechnung gemacht werden:

$$C_0 = 0 = -50.000 + (15 - 8) \times x \times \frac{1{,}1^4 - 1}{0{,}1 \times 1{,}1^4}$$

Damit ergibt sich eine kritische Menge von 2.253,36 pro Periode.

Aufgabe 5.5
Die größere Steigung der Geraden zum Verkaufspreis zeigt die stärkere Abhängigkeit des Kapitalwerts von dieser Inputgröße auf. Ihr sollte in der Entscheidungssituation die höhere Aufmerksamkeit gelten.

Aufgabe 5.6 a)
1. Schritt: Formulierung des Entscheidungsmodells
Anschaffungsauszahlung: 120.000
Einzahlungsüberschüsse pro Periode: 40.000
Kalkulationszinssatz: 8 %
Ziel: Kapitalwertmaximierung
Nutzungsdauer (unsicher):   Zwischen 3 und 6 Jahre

2. Schritt: Schätzung einer Wahrscheinlichkeitsverteilung
w (n = 3) = 0,4   w (n = 4) = 0,3   w (n = 5) = 0,2   w (n = 6) = 0,1

3. Schritt: Zuordnung und Erzeugung von Zufallszahlen

n	3	4	5	6
Zugeordnete Zufallszahlen	1,2,3,4	5,6,7	8,9	10
Häufigkeit der zugeordneten Zufallszahlen	44	27	19	10

4. Schritt: Berechnung der Kapitalwerte
$C_0^{n=3} = -16.916,12$ $C_0^{n=4} = 12.485,08$
$C_0^{n=5} = 39.708,41$ $C_0^{n=6} = 64.915,18$

5. Schritt: Ermittlung der Häufigkeiten

C_0	64.915,18	39.708,41	12.485,08	-16.916,12
Relative Häufigkeiten	0,10	0,19	0,27	0,44
Kumulierte rel. Häufigkeiten	0,10	0,29	0,56	1,00

6. Schritt: Stabilitätsprüfung
- Entfällt -

7. Schritt: Interpretation
56 % der über die Simulation gewonnenen Kapitalwerte sind positiv.

b) Ein Vorteil des Verfahrens liegt in der Möglichkeit der gleizeitigen Variation der unsicheren Inputgrößen und deren Konsequenz hinsichtlich der Ausprägung der Zielgröße. Damit können Abhängigkeiten zwischen den sicheren und unsicheren Variablen berücksichtigt werden. Problematisch ist die Bestimmung der Wahrscheinlichkeitsverteilungen für und die Festlegung der Abhängigkeiten zwischen den Inputvariablen.

Aufgabe 5.7
Das Entscheidungsbaum-Verfahren wird angewandt bei mehrstufigen Entscheidungsproblemen unter Risiko. Die zugrundeliegenden Annahmen sind u.a. die Zielsetzung der Maximierung des Kapitalwert-Erwartungswerts und der Quantifizierbarkeit von Ergebnissen der Alternativen, Wahrscheinlichkeiten und Nutzungsdauern der Alternativen.

Aufgabe 5.8
Während das Entscheidungsbaum-Verfahren einen risikoneutralen Investor unterstellt, ist dieser im Falle der Portfolio-Selection-Theorie risikoscheu.

Aufgabe 5.9
Wesentliche Annahmen der Portfolio-Selection-Theorie:

1. Es handelt sich um ein Ein-Perioden-Modell (t_0 bis t_1).
2. Einem heutigen, sicheren Kapitalbetrag stehen unsichere Rückflüsse in t_1 entgegen, denen Wahrscheinlichkeiten zugeordnet werden können.
3. Der betrachtete Investor ist risikoscheu, d.h. er ist zu einem Verzicht auf Ertragsanteile zugunsten von Risikominderungen bereit.

Kritik an den Annahmen der Portfolio-Selection-Theorie:

In der Realität werden Investitionsobjekte über mehrere Perioden genutzt, damit sind Wiederanlageprobleme zu berücksichtigen. Problematisch ist die Voraussetzung der Kenntnis der Risikopräferenzfunktion und der künftigen Renditen und Risiken der Alternativen.

Aufgabe 5.10
Ein effizientes Portefeuille liegt vor, wenn aus der Menge der betrachteten Wertpapiermischungen keine andere Kombination bestimmt werden kann, für die gilt, daß ein gleicher Erwartungswert bei geringerem Risiko oder ein höherer Erwartungswert bei gleichem Risiko, oder sowohl ein höherer Erwartungswert als auch ein geringeres Risiko erreicht werden kann. Ein optimales Portefeuille ist ein effizientes Portefeuille, das dem Ausmaß der Risikoscheue des Investors entspricht.

Aufgabe 5.11

a) Bei der Bestimmung des Risikos eines Portefeuilles sind nicht nur die Einzelrisiken zu berücksichtigen, sondern auch das Ausmaß der Korrelation der Renditen. Denn zur Erreichung von Diversifikationseffekten ist es wichtig, daß die Renditen zweier Wertpapiere nicht völlig gleichartig auf veränderte Umweltbedingungen reagieren.

b) Die Bestimmung der Anteile der Aktien A und B für ein risikofreies Portefeuille erfolgt über den Ansatz:

$$x_A = \frac{\sigma_B}{\sigma_A + \sigma_B} \quad \text{und} \quad x_B = 1 - x_A$$

Ob dieses Portefeuille für einen Entscheider optimal ist, ist abhängig vom Ausmaß seiner Risikoscheue.

Aufgabe 5.12

a) $\mu_A = 5\ \%$ $\qquad\qquad\qquad$ $\mu_B = 6{,}25\ \%$
$\sigma_A = 7{,}58$ $\qquad\qquad\qquad$ $\sigma_B = 13{,}81$

b) $\sigma_{A,B} = -67{,}5$ $\qquad\qquad\qquad$ $k_{A,B} = -0{,}645$

c) $\mu_{P1} = 5{,}83$ $\mu_{P2} = 5{,}40$

      $\sigma_{P1} = 7{,}82$ $\sigma_{P2} = 4{,}09$

Aufgabe 5.13
Siehe Abbildung 5.7

Aufgabe 5.14
Siehe Abbildung 5.9

Aufgabe 5.15
Durch Berücksichtigung einer sicheren Anlagemöglichkeit ist die Bestimmung des optimalen Aktienportefeuilles unabhängig von der Risikoneigung des Investors.

Literaturverzeichnis

Betge, P., Investitionsplanung, 3. Auflage, Wiesbaden 1998.

Busse von Colbe, W./Laßmann, G., Betriebswirtschaftstheorie, Bd. 3, 3. Auflage, Berlin, Heidelberg u.a. 1990.

Däumler, K.-D., Grundlagen der Investitions- und Wirtschaftlichkeitsrechnung, 8. Auflage, Herne, Berlin 1994.

Garhammer, Ch., Grundlagen der Finanzierungspraxis, 2. Auflage, Wiesbaden 1998.

Götze, U./Bloech, J., Investitionsrechnung, 2. Auflage, Berlin, Heidelberg u.a. 1995.

Jacob. H./Voigt, K.-J., Investitionsrechnung, 5. Auflage, Wiesbaden 1996.

Perridon, L./Steiner, M., Finanzwirtschaft der Unternehmen, 9. Auflage, München 1997.

Schmidt, R. H./Terberger, E., Grundzüge der Investitions- und Finanzierungstheorie, 4. Auflage, Wiesbaden 1997.

Süchting, J., Finanzmanagement, 6. Auflage, Wiesbaden 1995.

Stichwortverzeichnis

Amortisationsvergleichsrechnung 20 ff., 45 ff.
 -, statische 20 ff.
 -, dynamische 45 ff.
Amortisationszeitpunkt 24
Annuität 43 ff.
 - eines Barwerts 43 f.
 - eines Endwerts 44 f.
 -, nachschüssige 43 f.
 -, vorschüssige 44 f.
Annuitätenmethode 55 f.
Auswahlentscheidung 3

Barwert 41 f.

Dean-Modell 94 ff.
Differenzinvestition 50 f.
Diversifikation 121 ff.
Durchschnittsmethode 23 ff.

Effektivzins 45
efficient frontier 131
Einzelinvestitionsentscheidung 3
Einzahlungsüberschuß 39
 -, Grenz- 65
Entscheidungsbaum-Verfahren 117 ff.
Endwert 42 f.
 -verfahren 69 ff.
Ersatzzeitpunkt
 -, optimaler 3 f., 63 ff.
Erwartungen
 -, unsichere 106 ff.
Erwartungswert 107 ff.

Finanzierung 1

Gewinnvergleichsrechnung 16 ff.

Interner Zinsfuß 57
Interne Zinsfußmethode 57 ff.
Investition 1
Investitionsarten 2
Investitionsentscheidungsprozeß 4 ff.
Investitionskette 65 f.
Investitionskalküle 2
 -, statische 11 ff.
 -, dynamische 39 ff.
Investitionsprogramm 4
 -entscheidung 92 ff.

Kalkulationszinssatz 40
Kapitalmarkt, vollkommener 40
Kapitalwert 47
 -methode 47 ff.
 - und Steuern 53 ff.
 -, Nutzungsdauerspezifischer 64
Kapitalwertrate 92 ff.
Korrekturverfahren 108 f.
Korrelationskoeffizient 124
Kostenvergleichsrechnung 12 ff.
Kovarianz 123 f.
Kumulationsmethode 23 ff.

MAPI-Verfahren 26 f.

Nutzungsdauerentscheidung
 3, 63 ff.
Planung -, flexible   120
Portefeuille 121
 -, effizientes   121, 125 ff.
 -, optimales 122, 130 f.
 -rendite   125 f.
 -risiko   125 f.
Portfolio-Selection-Theorie
 121 ff.
Programmierung -, Lineare
 99 f.
Rentabilitätsvergleichsrechnung
 18 ff.
Risiko -, Entscheidungen unter
 106 ff.
 -analyse   113 ff.
 -einstellung 107 f.
 -präferenzfunktion   130
 -profil   113 ff.

Sensitivitätsanalyse 109 ff.
Separationstheorem 132 ff.
Sicherheitsäquivalent   107 f.
Sollzinssatzmethode   72 ff.
Standardabweichung   123
Steuerparadoxon   55

Unsicherheit   106
 - im engeren Sinne   106 f.

Varianz   123
Vermögensendwertmethode
 69 ff.
Wiederanlageprämisse der Internen Zinsfußmethode   61 f.
 -, modifizierte   61 f.

179

Hans-Werner Stahl/Wolfgang Stahl (Hrsg.)

Effizient studieren: Wirtschaftswissenschaften an Fachhochschulen

(Edition MLP)
1998, XII, 338 Seiten, Broschur, DM 32,80
ISBN 3-409-13636-3

Das Buch bietet einen Überblick über das Betriebswirtschaftsstudium an deutschen Fachhochschulen. Es ist zugleich ein Wegweiser zum Auffinden geeigneter Studiengänge mit Angaben zu Zulassungsvoraussetzungen und Bewerbungsfristen. Es zeigt die Möglichkeiten des BWL-Studiums an Fachhochschulen auf und gibt einen fundierten Überblick über das Angebot von allgemeiner und spezieller Betriebswirtschaftslehre. Besondere Berücksichtigung finden internationale Studiengänge mit Zulassungsvoraussetzungen und Bewerbungsfristen.

BWL an Fachhochschulen:

– Zulassung, Aufbau, Anerkennung
– Wissenschaftliches Arbeiten
– Praxisbezug im FH-Studium
– Finanzierung und Stipendien
– Weiterbildung nach dem Diplom
– Internationale Studiengänge

Die Professoren Hans-Werner und Wolfgang Stahl sind ausgewiesene Wissenschaftler und erfahrene Dozenten an der international renommierten Fachhochschule Reutlingen.

Betriebswirtschaftlicher Verlag Dr. Th. Gabler GmbH, Abraham-Lincoln-Str. 46, 65189 Wiesbaden

If you have any concerns about our products,
you can contact us on
ProductSafety@springernature.com

In case Publisher is established outside the EU,
the EU authorized representative is:
**Springer Nature Customer Service Center GmbH
Europaplatz 3, 69115 Heidelberg, Germany**

Printed by Libri Plureos GmbH
in Hamburg, Germany